취미를 업그레이드하는 그녀들의 이야기
오늘도 배우러 갑니다

취미를 업그레이드하는 그녀들의 이야기

오늘도 배우러 갑니다

우먼더스토리

목 차

취미의 시작을 위하여 7

PART 1. 다시 배우는 것도 괜찮습니다 11

박성미
| 01 홈 프로텍터의 비애 14
| 02 자격증, 우선 따보겠습니다 19
| 03 새롭게 마주한 세계 24
| 04 언제까지 진로 탐색만 하고 있을 거야 29
| 05 그래도 네 개의 자격증은 남았습니다 38
| 06 다시 배우는 것도 괜찮습니다. 47

PART 2. 취미까지 잘할 필요가 있나요? 55

이민지
| 01 나비야 나비야 이리 날아오너라 58
| 02 노다메 칸타빌레처럼 65
| 03 펌프와 피아노의 상관관계 69
| 04 순서 중독자의 떡 만들기 76
| 05 시간 도둑은 누구였을까 83
| 06 치는 사람에서 쓰는 사람으로 90

PART 3. 책을 읽으면 밥이 나오나요? 95

이세희

01 철을 만드는 학문	98
02 책을 읽으면 밥이 나오나요?	107
03 한여름의 퀸카 (무거움과 가벼움 스-이에서)	115
04 좌충우돌 알바 이야기	121
05 새로운 인생	129

PART 4. 다시 돌아온 제주, 다시 시작한 요가 139

조미란

01 오래전, 왼쪽 날개 끝이 부러졌다	142
02 지구를 들어 올렸던 기억이 되살아났다	148
03 수리부엉이처럼 유연한 목을 가지고 싶어	153
04 늘 '진북'을 향해 흔들리는 '자북'의 자세로	157
05 정수리와 발끝이 만나기까지, 24년	162
06 내가 배우는 것이 곧 나 자신이다	166

PART 5. 기타 초보를 위한 매우 적극적인 안내서   173

한 | 01 오합지졸 대환장 파티   176
영 | 02 사람이 꽃보다 아름다워   185
운 | 03 Show Must Go On!   195
    04 음악을 해석한 글쓰기   204

PART 6. 무릉도원을 찾고 있나요?   211

송 | 01 연화도 사랑   214
미 | 02 민화는 피, 땀, 붓질   218
정 | 03 표구하는 예쁜 여자   221
    04 클래식이 남몰래 낳은 아들   225

취미의 시작을 위하여

"오늘도 배우러 갑니다" 이 간단한 문장 속에는 우리가 삶에서 찾을 수 있는 여러 의미가 담겨 있습니다. 중년의 문턱에 들어선 우리들에게 '배움'은 단순히 직업을 위한 자격증이나 취미활동을 넘어서, 내면의 성장과 치유, 그리고 삶의 활력을 불어넣는 소중한 과정이 되어갑니다. 이 책은 바로 그런 여성들의 이야기를 담고 있습니다. 경력단절, 육아, 집안일에 묶여 잠시 멈췄던 꿈과 열정을 다시 찾으려는 6명의 여성들이 각자의 방식으로 새로운 배움을 향해 나아가는 여정을 그린 이야기입니다.

박성미 작가는 결혼과 출산으로 경력단절을 겪고, 자녀교육을 마친 후 자격증 따기를 시작한 여성입니다. 그녀는 '배움'이라는 것이 단지 실용적인 것을 넘어서, 자신에게 주는 에너지가 된다는 것을 깨달았습니다. 학습이란 바로 '자기 삶의 주체가 되는 것'이라는 믿음으로 자격증을 쌓아가며 배우기를 멈추지 않는 그녀의 모습은 많은 이들에게 용기를 줄 것입니다. 이민지 작가는 피아노를 통해 감성을 키우고, 매일을 살아가는 데 있어 '완벽하지 않아도 괜찮다'는 메시지를 전합니다. 그녀는 MBTI에서 T(사고형)라는 성격을 가졌지만, 피아노의 부드러운 음색에 마음을 열어가며 자기 치유의 시간을 가집니다.

이세희 작가는 '책을 읽으면 밥이 나오나요?'라는 질문을 던지며, 아이 셋을 키우면서도 끊임없이 독서의 세계에 빠져들며 독서 선생님으로 거듭나게 된 이야기를 들려줍니다. 그녀의 이야기는 독서를 통해 자신을 발견하고, 사람들과 소통하는 힘을 얻는 과정을 보여줍니다. 조미란 작가는 공무원으로 일하면서 심신의 힐링을 위해 제주도에서 요가를 배우며 1년살이를 하며 '배움'을 치유와 성장의 중요한 도전으로 삼고 있습니다. 힐링의 과정에서 진정한 자신을 찾고, 몸과 마음의 균형을 찾기 위해 몸소 실천하는 그녀의 이야기는 독자들에게 큰 영감을 줄 것입니다.

한영운 작가는 기타 연주 초보자로서의 도전기를 통해 '배움'이 주는 즐거움을 나누고자 합니다. 기타를 배워보려는 사람들에게 실용적인 팁과 초보자의 마음을 대변하며, 한 걸음씩 나아가는 과정을 들려줍니다. 마지막으로 송미정 작가는 고등학교 3학년 딸과의 갈등을 풀기 위해 민화를 배우기 시작했고, 그 과정을 통해 전통적인 미술에 대한 깊은 이해와 사랑을 가지게 되었습니다. 그녀의 이야기는 부모와 자녀의 관계를 넘어서, 개인의 성장과 자기 발견의 중요한 과정이기도 합니다.

이 책은 단순한 취미 활동의 이야기가 아닙니다. 배움이란 지금 당장 눈에 보이는 결과를 내지 않아도, 그 자체로 삶의 의미를 부여하는 중요한 행위라는 메시지를 전합니다. '오늘도 배우러 간다'는 문장이 중년 여성들에게 어떤 의미인지를 각자의 이야기를 통해 들려줍니다. 각기 다른 배움의 여정을 걸어온 이들의 이야기가 여러분에게도 '배움'이 주는 힘을 일깨워줄 것입니다. 배움이 반드시 돈을 벌기 위한 수단일 필요는 없습니다. 배우는 것 그 자체가 우리의 삶을 풍요롭게 하고, 새로운 시각과 내면의 성장을 이끌어줍니다.

 이 책을 통해 여러분도 '배움'이란 무엇인지 다시 한번 생각해 보며, 새로운 도전과 변화의 기회를 발견할 수 있기를 바랍니다.

우먼더스토리 편집장

PART 1

,

다시 배우는 것도
괜찮습니다

박성미

어느 날 문득 시작된 글쓰기를 통해 자신의 취향과 숨겨진 진심을 발굴하는 일을 즐기고 있다. 전자책 「오늘도, 배우러 갑니다」를 출간한 이후 일상 속 소회를 꾸준히 글로 표현하고 다양한 작품을 섭렵하며 같은 시간을 살아내고 있는 주변의 인간에 대한 애정을 잃지 않으려 노력하고 있다.

프롤로그

　다소 무모하거나 모험적인 계획은 애초부터 차단하고 실행이 가능한 것들로 일상을 채우는 사람에게 큰 좌절이나 실패는 없는 법이다. 일상을 크게 뒤흔들 일탈이나 도전을 꿈꾸지 않고 현재의 평안함을 유지하는 데 주력하는 삶을 지향해왔지만, 종종 자기 계발에 나태한 무사안일한 삶이라며 자신의 일상을 신랄하게 자책하는 날도 있었다. 그런 생각이 떠오를 때마다 과감하고 호탕하게 일을 추진하는 주변인을 부러워하며 후회하기도 했다.

　자신을 향한 호의를 초승달같이 손톱만큼이나 작은 크기에서 보름달처럼 완전한 원의 모양으로 키워내지 못했다. 그래서 많은 시간을 열등의식 혹은 체념에 빠져 살기도 했다. 그렇게도 열등할 뿐이라고 믿어왔던 자신을 구성하는 모든 것들이 품고 있는 다양한 면모는 '배우는 과정'에서 살아났다. 생각보다 곧잘 해내는 것이 있었고 다음 생에 다른 사람으로 태어나야 꿈꿀 수 있는 것도 있었다. 이 모든 것이 시도해 봐야 비로소 알 수 있는 것이었다.

　나이를 쌓아가면서 달라진 것이라면 덜 재고 조금 더 움직이게 되었다는 점이다. 타고난 성정이 급변할 만한 극적인 계기나 에피소드는 없었지만, 꼭 해내야 한다는 당위성이 희미해지자 모든 일을 대하는 자세가 유연해졌다. 그래서 얼핏 보면 쓸데없어 보이는 공부도 가능했고 다른 여러 가지 시도를 거칠 수 있었다. 물론 그 과정에서 사회생활에 유용한 경쟁력과 전문성, 현실 인식 등이 부족함에 휘청거리기도 했지만. 자신에 대한 탐색을 청소년기에 하지 못했다고 실망할 필요는 없었다. 물론 일찍이 제대로 된 경로가 정해졌다면 좋았을 것이지만, 불꽃 같은 사춘기를 보내며 지독한 고민에 빠지는 이가 있는가 하면 인생 전반이 무덤덤한 가운데 여러 번 살며시 삐끗거리며 앞으로 나아가는 인간도 있는 법이다. 뒤늦게 여러 가지를 섭렵하며 배우는 삶도 이에 해당하지 않을까.

나이를 지긋이 먹고 시작한 공부는 나름 꼬리의 꼬리를 문, 서로 깊이 관련된 공부라는 믿음이 동력이 되었다. 성급하게 남들과 같아지려는 마음에 쉽게 포기했던 경로를 이제는 제대로 밟아보겠다며 시작된 것이다. 자원봉사에서 시작한 사회복지학 공부, 거기에서 가지를 뻗어나간 여성학과 청소년학 공부에까지 이르는 행보가 마치 토끼 인형에 눈을 달아주는 것처럼 속절없이 느껴진 날도 있었다. 도대체 왜 하는 거냐는, 취미로 공부하는 거냐는 핀잔은 다른 누구도 아닌 자기 내부의 추궁이었다. 솔직히 이러한 마음의 소용돌이는 배우는 과정에서 끊임없이 곁에 따라붙어 다녔다.

하지만, 천천히, 조심스럽게 시도하는 과정을 이렇게 글로 묶으면서 자기 자신이 더욱 분명해졌다는 것을 알아차릴 수 있었다. 여러 가지 배움의 목적과 형태가 있겠지만, 여기에 소개한 배움의 과정은 '성장', '계발', '발전'이라는 단어보다는 자기 자신을 찾아가는 진정한 '탐색의 시간'이라는 단어가 어울린다고 본다. 그것이 세상에서 주로 통용되는 것이 아니더라도 평온함과 편안함, 강제되지 않은 자기의 모습을 찾아가는 어떤 일이었음이 틀림없다.

01 홈 프로텍터의 비애

드라마 〈응답하라 1988〉에는 웃음이 터지는 장면이 여러 번 등장하지만, 반드시 눈물을 쏟게 만드는 지점이 있다. 살짝 공식 같은 장면배열과 지나친 감동 코드가 다소 물리는 느낌이지만, 그런 사소한 결점을 모두 덮을 만큼 찡하게 울리는 장면을 기다리는 게 이 드라마를 보는 이유였다. 요즘에도 TV 채널을 이리저리 돌리다 보면 재방이 흘러나온다. 어느 부분을 멈추고 보아도 익숙한 장면, 익숙한 대사라고 생각했는데 그날은 유독 시선을 잡는 대목이 있었다. 다른 누구도 아닌 자신의 이야기를 발견하고선 혼자 남은 집안에서 꺼이꺼이 편하게 울 수 있었다.

엄마(치타여사)가 외출한 집, 남자 셋은 각자가 하고 싶었던 대로, 엄마가 집에 있으면 누리기 힘들었던 자유를 실컷 만끽한다. 엄마가 외출하기 전에 신신당부했던 모든 규칙을 깨부수며 즐겁게 지내는 그들. 집안에 남을 남자들을 걱정하며 발걸음이 무거웠던 엄마는 자신의 부재가 그들에게 얼마나 해방감을 안길 것인지 미처 알지 못했다. 설탕과 마요네즈를 섞은 괴이한 음식을 먹어보고 밥과 반찬을 큰 그릇에 모두 때려 넣고 썩썩 비벼 먹는다. TV를 보면서 과자 부스러기를 아무렇지 않게 마구 떨어뜨리며 아무 데나 옷을 벗어 던져놓는 등 집안을 쑥대밭으로 만들며 마냥 신나 하던 그들에게 갑작스럽게 엄마는 나타난다.

예정보다 일찍 들이닥친 상황에 당황하지만, 세 남자는 엄마 없는 동안의 방종을 말끔히 지우며 의기를 모면한다. 무엇하나 트집 잡을 여지를 남기지 않은 그들이 기세등등하게 하는 말,

"당신(엄마) 없어도 우리 한 개도 안 불편하더라."

본업으로 복귀한 엄마는 왠지 모르게 기분이 저조하다. 이유를 몰라 헤매던 아들은 친구에게 한마디 들은 후에야 크게 깨닫고 바로 행동에 나선다. 사사건건 엄마를 부르며 도움을 요청하기로 한 것이다. 형은 라면을 끓이다 손을 데었다고, 아빠는 연탄을 부서뜨렸다고, 자기의 반바지를 찾아달라고 엄마를 연거푸 부른다. 모든 문제해결사 엄마는 '엄마'라고 부르기가 무섭게 약통을 들고 나타나거나 옷장에서 반바지를 척척 꺼내 앞에 대령하면서 이런 말을 남긴다.

"다들 나 없으면 어떻게 살려고 그래."

엄마는 드디어 웃음 짓는다. 표정이 밝아지고 편안하게 안도하는 모습이다.

"엄마, 어버이날 축하해요. 항상 음식을 해주시고 공부를 가르쳐주셔서 고마워요. 더 열심히 잘할게요."

초등학교 4~5학년 경에 받은 어버이날 축하 편지를 읽으며 묘한 기분에 휩싸였다. 아기에게 엄마는 공부시키는 사람, 무섭고 간섭 많은 사람이기만 한 것 같았기 때문이다. 엄마 앞에서는 모든 실력이 탄로 나서 숨길 수 없었고 엄마는 자신의 부족함을 끝없이 걱정하며 지적하는 존재였다. 여행지에

가서도 학습적인 정보를 알리려고 애쓰는 엄마는 "그냥 볼게, 내가 알아서 볼게."라는 아이의 반응에 서운해하며 상처받았다. 저것이 다 컸다고 저러나, 강압적인 자신의 태도를 뉘우치기보다는 괘씸하다고 생각했다.

아이가 중학생일 때까지 학습적으로 부족한 부분을 거의 정확하게 파악하고 있었다. 아이는 매일 학교와 집을 오가다가 가끔 친구의 집에서 노는 것이 전부인 나날을 4년이나 외국에서 보냈다. 잘 알지 못하는 체제의 나라에서 부모는 어린아이의 손발이 되었고 그래서 아이뿐만 아니라 부모도 여러모로 피곤했다. 집중하고 몰입해서 들여다보는 만큼 아이의 부족한 부분이 극명하게 드러나 보였고 그것을 채우지 못해, 남들보다 앞서나가지 못해 안달하였다. 제멋대로 아이의 미래를 대신 꿈꾸는 부모의 태도는 파국을 낳았고 예상대로 스테레오 타입의 '헬리콥터맘'이 되어 버렸다.

고등학생이 되자 마침내 아이가 모르는 부분을 해결해 줄 깜냥은 안되었고 대학생이 되자 모든 정력을 쏟던 아이와의 시간은 차차 적어졌다. 아이에 대해 모르는 부분이 생겼다는 것이 얼마나 홀가분한 기분이었던지. 코로나가 모녀의 분리를 조금은 지연시켰지만, 결국은 너무나 다른 두 인격체의 관계는 친밀함에서 무덤덤함으로 자연스럽게 변모하면서 그저 지켜보는 사이가 되었고 극렬한 갈등은 피하게 되었다. 이로써 긴 육아와 교육의 시간을 마감했다.

사실 가족의 일거수일투족을 파악해서 한 몸같이 움직이는 일은 피곤한 일이다. 밤늦게까지 돌아오지 않는 가족을 불안한 마음으로 창밖을 내다보며 기다리는 일, 내일 당장 입을 바지의 밑단을 수선하는 일, 야식을 준비하는 일 등, 가사 노동이란 주야 대기하며 정해진 근구시간도 없이 대처하는 일이기 때문이다.

그런데도 전업주부가 하는 일은 언제나 벌충할 수 있는, 중요하지 않은 일이기도 하다. 오늘이 아니면 내일 해도 무방하다고 흔히 생각된다. 그래서 갑자기 손이 필요하면 주로 집에 머문다는 이유로 언제든지 호출에 응해야 할 것 같은 압박도 느낀다. 비록 임금노동자처럼 출퇴근의 고단함이나 정해진 시간, 장소를 지켜야 하는 스트레스는 없지만, 아주 지루하고 느리게 견뎌내는 시간이 있는가 하면 등줄기에 땀을 흘리며 버둥대는 순간을 참아내는 것도 집안일이다. 가사 노동의 가장 큰 본령이었던 육아(교육)가 사라지고 사실상 은퇴를 맞이했다. 모든 시간과 정력을 다하던 일이 사라진다는 것은 자신의 존재 이유를 다른 곳에서 탐색해야 한다는 것을 의미했다. 오롯이 자기만을 위한 과제를 앞에 두고 적잖이 당황스럽고 불안해졌다. 소속감이 희박해지는 느낌마저 들었다.

사람이 하는 일의 가치는 스스로 의미 부여로 저절로 주어지는 것이 아니라 사회적인 인정이 우선되어야 하는 것이다. 그래서 집안에서 '일하는' 누군가는 인정욕구에 항상 목마르다. 드라마에서 아들은 일부러 옷을 찾아달라고 엄마에게 부탁하고 가족 모두 엄마의 손길이 필요하다고 불러대면서 엄마가 집안에서 더 이상 필요 없는 존재가 되는 상실감을 조금은 천천히 느낄 수 있도록 한 것이 아닐까.

한창 인기몰이 중인 연애 프로그램 출연자들이 자신의 직업을 '있어 보이게' 소개한 것을 풍자한 영상을 보았다. **매니저, **스페셜리스트, **마스터 등의 단어를 어느 직업군에든 붙여서 자신이 하는 길이 위대하다고 포장하는 것이다. 영어 사대주의에 빠진 나라답게 모든 직업을 영어로 표현하는 것은 기본이다. 그래서 탄생한 '하우스케어 매니저, 홈프로텍터'는 그중에서 가장 대표적인 예시였다.

아무것도 하지 않고 집에서 노는 손(사람)을 멸시해서 부르던 '백수'가 하우스케어 매니저, 홈프로텍터로 변모했다. 집에서 독서, 영화감상 등의 문화생활(일명 농땡이)을 누리며 가족의 재생산에 이바지하는 진정한 집지킴이라는 의미를 담기 위해 애매한 콩글리시를 등장시킨 것이다. 그러고는 자조적으로 웃어넘기는 것이 이 영상의 포인트다. 처음에는 기발한 생각에 웃음이 나왔지만 조금 지나자 웃기지만은 않았다. 웃자고 만든 영상을 가볍게 넘기지 못하는 건 항상 그렇듯이 자기의 모습이 투사되기 때문이다.

가족이 이루는 크고 작은 성과는 기쁨이 되었고 어느덧 그들의 사회적 성취를 자기 것인 양 으스대기도 했다. 그들의 성과를 두고 주변에서 부러워하는 눈길도 싫지 않았다. 하지만 사회적 성취가 없는 이가 가족을 통해 느끼는 대리 성취의 유효기간은 얼마나 될까. 어느 날 가까운 사람과 미주알고주알 수다를 떨다가 별것도 아닌 말에 자극받아 발끈했다. 가족의 성취를 두고 더 이상 바랄 것이 없겠다는 그의 말에 그건 내가 이룬 성취가 아니라고 발끈하며 응수한 것이다. 그리고 이어사 퉁명스럽게 속마음을 줄줄이 내뱉었다. "그렇게 좋을 것도 나쁜 것도 없어, 어차피 내 일이 아니야."

이제는 더 이상 시간의 제한 없이 가족의 수족이 될 필요가 없다. 홈은 있는데 프로텍트 할 대상이 없으니 홈프로텍터가 더 이상 설 자리가 사라진 것이다. 진정한 백수가 된 것이다.

02 자격증, 우선 따보겠습니다

무턱대고 자격증을 따보겠다고 생각한 것은 아이가 중학교 3학년이 되고 나서였다. 아이는 입시를 앞두고 이전보다 공부하는 시간을 늘려야 했다. 고등학교 입시 결과에 대해 표면적으로는 별로 신경 쓰지 않는 척했지만, 언제나 그랬듯 엄마는 내심 합격을 바라고 있었다. 딸을 도울 방법으로 겨우 생각한 것은 공부 시간을 함께 보내는 것이었다. 아니 그건 일종의 감시였을지도 모른다. 아이의 밤 공부에 보조를 맞추려니 그 시간을 채울 무언가가 필요했다. 공부하는 아이 몰래 TV 시청이나 핸드폰 서핑을 할 순 없었다.

제일 그럴듯해 보이는 독서도 한두 시간이면 잠이 쏟아졌다. 마땅히 할 일도 없이 밤늦게 자리를 지키기가 곤혹스러운 나머지 생각해 낸 것이 자격증 시험이었다. 아이에게 엄마도 뭔가 열심히 하는 모습을 보여주고 싶다는 맘이었고, 덤으로 몇 년 뒤 쉬엄쉬엄할 수 있는 일거리를 마련해 보겠다는 생각도 있긴 했다. 모든 일의 시발이 아이와 연결되는 게 낯부끄러운 일이지만 사실이 그랬다.

아이는 다른 교과에서는 친구들과 별반 다르지 않은 실력이었지만, 외국어만큼은 남달랐다. 그렇다고 영어유치원에서부터 두루 학원을 섭렵하며 다져진 아이들보다 월등하지는 않았다. 솔직히 암기가 기본 학습 능력으로 평가되는 한국 교육에서는 적합하지 않은 학생이었다. 처음 치른 중간고사,

문제가 되는 문제가 출제됐다. 토끼와 거북이 우화에서 우리가 배울 수 있는 교훈은 무엇인지, 영어 세 음절로 답하는 문제에서 교과서에 나온 문장을 그대로 외워 쓰지 않아 오답 처리된 것이다. 다행히 나중에 답으로 인정되었지만, 암기를 토대로 학습하는 방법이 익숙하지 않아 고전했다.

문법이나 표현법을 공식대로 외워서 하는 대신 생활에서 익혀진 '감'으로 하는 통에 누군가에게 그 이유를 설명하지는 못했다. 그냥 이게 자연스러워, 보통 이렇게 말하지, 라며 문제를 풀어내는 모습이 사뭇 엄마를 불안하게 했지만, 주변 친구들과 다른, 잘 알아듣지 못하는 원어민 같은 발음이 자랑스럽기도 했다. 엄마도 잘 알아들을 수 없었지만 듣기에 근사했기 때문이다.

한국에 다시 돌아오면서 그저 친구와 잘 지내기를 바라던 엄마의 마음은 한두 해 지나면서 외국어 고등학교 입학으로 급선회했다. 당시 주변에서 공부 좀 한다는 애들이 입학한다는 소문에 귀가 팔랑거렸다. 주변 친구들보다 외국어는 크게 공들이지 않고 할 수 있으니 무모한 도전으로 생각되지 않았다. 무엇보다 아이는 영어를 구사하는 것을 좋아했고, 그 언어만이 상황에 맞게 표현할 수 있는 절묘함을 즐겼다. 엄마의 외국어 학교 진학을 향한 야망을 아이는 얼결에 수용했고 둘의 밤 공부는 시작되었다.

이렇게 아주 애매한 마음과 약간의 결연한 마음으로 시작한 공인중개사 자격증 1차 시험, 준비할 수 있는 기간은 두 달여가 남아 있었다. 마침 공공 기관에서 개설한 강좌를 수강했는데 교실에 모인 중년의 수강생들은 모두가 열의에 차 있었다. 술집에 가든, 공연장에 가든, 고속도로 위에 있든 어디에서든 앞만 바라보고 열중하는 사람들이 있다는 것에 다시 한번 놀랐다. 나만 빼고 세상은 항상 쉬지 않고 돌아가는 듯했다. 일주일에 한 번, 오전 수업만으로는 제대로 시험을 대비할 수 없었고 나머지 부분은 모두 독학이 필수였다. 속사포로 수업을 진행해도 시험 전에 모든 범위를 끝내지는 못할 정도로 시험은 임박했기 때문이다. 겨우 두 과목이지만 재미없는 낯선 용어가 툭툭 튀어나왔고 암기할 것들이 흘러넘쳤다.

엄마와 아이는 저녁밥을 먹고 나면 공부 친구가 되어 거실에 놓인 널따란 책상 양 끝에 앉아 공부를 시작했다. 아이의 쪽잠을 깨워주고 간식을 나눠 먹었다. 어떤 날은 아이보다 더 늦게까지 불을 밝히며 공부에 열중했고, 먼저 잘게, 라며 방으로 들어가는 아이를 못된 눈초리로 째려봤다. 왜 이 공부를 시작했더라, 너 공부 더 열심히 하라고 시작한 것 같은데…. 아이의 입시 결과가 나올 즈음, 엄마의 시험일도 다가왔다.

거센 바람으로 바닥에 떨어진 낙엽이 마구 날아오르는 날이었다. 버스 정류장에서 시험장행 버스를 기다리는데 왠지 수험생인 듯한 중년 남자의 정신없이 헝클어진 머리가 눈에 띄었다. 짠해졌다. 모두가 그토록 열심인 게 왠지 슬펐다. 시험 보기 좋은 날이 있겠냐만 바람 때문에 더 추워진 가을 날씨가 오랜만에 치르는 시험의 긴장감을 고조시켰다. 꽤 좋은 점수로 1차 시험을 통과했다. 1년 안에 2차 시험을 통과하면 자격이 주어지니 시간도 넉넉히 벌었다고 생각했다(착각이었다). 아이도 엄마의 바람대로 입시에 합격했다.

2차 시험은 공부할 시간이 충분하다고는 하나 과목이 네 개로 늘어나고 정말로 낯선 단어의 대잔치, '부동산 공법'을 공부해야 했다. 게다가 1차 시험을 통과하고 나자, 자격증 취득이 바로 눈앞에 다가왔다는 생각에 조바심과 간절함이 더해졌다. 1차 때와는 다른 결심이 필요해 보였다. 아이에게

PART 1. 다시 배우는 것도 괜찮습니다

공부는 이렇게 하는 거라며 전시하려던 검은 의도는 점점 희미해지고, 진짜 어떻게든 기필코 반드시 합격하고 싶다는 절박한 바람이 생겼다.

하루 5문제로 합격하자. 아침에 일어나면 앱을 열고 아침을 여는 5문제를 풀어본다. 전날 공부한 과목을 선택해서 가장 집중할 수 있는 화장실에 앉아 문제 풀이를 하는 것이 루틴이었다. 비교적 쉬운 과목은 5문제 모두 정답을 맞혔지만, '공법'같이 함정이 많고 외워 할 부분이 많은 과목은 바른 선지를 고르기 위해 철저한 암기가 필요했다. 뒤돌아서면 모든 것이 흐릿해지는 기억력을 겨우 부여잡고 책이 너덜너덜해지도록 보고 또 봤지만, 머리에 들어오지 않았다. 선지의 잘못된 부분은 빨간 줄로 표시해서 바른 답을 알려주는 친절한 앱 덕분에 화장실 사용 시간은 점점 길어졌다. 아이는 가끔 화장실에서도 공부하는 엄마를 발견하고 엄지척을 날렸다.

"그래, 내 너 보라고 공부 시작했다가 이 꼴이다."

또다시 쓸쓸한 바람이 부는 가을, 2차 시험이 다가왔다. 주말을 맞아 집에 있던 가족은 평소 공부하는 모습을 봐선 합격이 당연하다며 너스레를 떨어서 속을 뒤집어놓았다. 시험 직후 나온 정답을 보면서 가채점했다. 빌어먹을 공법! 몇몇 문항이 헛갈리는 바람에 제대로 답안 표시를 하지 못해 아리송한 상황이었지만 그 문제들을 전부 틀렸다 해도 과락은 면할 정도였다. 과할 정도로 점수를 챙긴 나머지 과목 점수를 끌어다 평균을 내면 넉넉히 합격을 할 만한 점수 결과가 나왔다.

집안일을 조금 줄이고 공부하면 되겠다고 생각했지만, 시험이 다가올수록 만사 제치고 열중하게 되었다. 어려운 과목은 많은 시간과 공력에도 끝까지 발목을 잡아 확신 없이 답안을 표시하고 말았다. 이로써 일 년여에 걸친 자격시험 공부의 막이 내렸다. 아주 가벼운 마음으로 시작한, 아이에게 본보기를 보여주겠다는 이상한 동기에서 시작한 시험이 끝이 났다.

'닥치고 자격증 공부'로 자격증을 손에 쥐었으나, 현장에 나가서 활동할 생각은 추호도 들지 않았다. 눈앞에 써먹을 증서가 생겼지만, 중개하는 일이 적성에 맞는다고 생각되지 않았고 그래서인지 시험 합격의 기쁨도 잠시였다. 그저 책으로만 중개를 공부했으니 실제 사례를 물어오는 지인들에게 뾰족한 대답을 주지도 못했다. 사실 자격 취득 전부터 일에 대한 호감이나 흥미를 느끼고 있지 않았다. 그렇지만 내심 막상 일을 할 수 있는 자격이 주어지면 다른 생각이 들 수도 있겠다고 기대했다. 하지만 나중에 해보겠다는 말로 주변과 자신을 기만하면서 여러 해가 지나갔다.

아직도 아이는 화장실에서도 공부했던 엄마를 떠올리면서 굉장한 충격이었다고 말한다. 그것은 마치 책에 푹 빠진 채 길가를 걸어가고 있는 아이나 소란스럽고 복작대는 공간에서도 눈길을 떼지 않고 자기 일에 집중하는 사람들을 발견했을 때 느끼는 존경심 같은 것이란다. 자기에게서는 좀처럼 찾기 힘들고 앞으로도 본인은 절대 도달하지 못할 경지에 있는 사람이라는. 그리고 무슨 일이든 결심하면 이룰 사람이라고 기묘한 칭찬도 덧붙였다.

이즈음 뼈사감은 할 수 있는 일이지만 하기 싫은 일과 하고 싶은 일, 그리고 해야만 하는 일에 더해서 생각하게 되었다. 분명한 실체는 아직 없지만, 남은 시간 동안 돈을 좇지 않고 살아보려고 한다고, 처음으로 자기가 생각한 가치를 조금이라도 실현할 수 있는 일을 찾아보겠다는 속마음이 꿈틀대기 시작했다는 것은 아직 차마 말하지 못했다.

PART 1. 다시 배우는 것도 괜찮습니다

03 새롭게 마주한 세계

꽃잎이 팝콘처럼 팡팡 터지면서 겨울의 우중충한 색을 지우기 시작하던 봄날, 생애 첫 자원봉사를 시작했다. 학부모총회에서 봉사단 활동에 관해 설명하던 봉사단 대표는 누구보다도 길게 시간을 할애하여 봉사단의 활동을 소개하며 참가를 독려했다. 학생과 부모가 함께 지역사회에 기여하는 기회를 가질 수 있다는 대표의 발언은 군더더기 없이 매끄럽고 유창했다. 딱히 그의 말에 이끌렸다기보다는 왠지 모르게 안 해본 일에 강하게 끌리는 마음이 있었다.

솔직히 까놓고 말하자면, 당시 만해도 봉사 활동은 입시에 있어 꽤 필요한 스펙이었고 부모 봉사단이 맺어놓은 좋은 관계는 아이들이 동분서주하며 봉사할 장소를 찾는 번거로움을 애초부터 없애주었다. 학교 단위의 부모 봉사단이 책임 있게 수년간 활동을 지속했으니, 학생들은 가끔 복지관을 방문하여 나름의 봉사 활동을 할 수 있게 되었다. 아이들 일이라면 모든 것에 우선하는 부모들이 얼마나 성심성의껏 봉사에 임했을지는 말하지 않아도 될 것이다.

비록 이런저런 꿍꿍이가 있었다 하더라도 봉사단원은 매우 열정적이었다. 춥거나 덥거나 계절에 상관없이 적극적인 참여율을 보였다. 그렇게 열심히 한 결과 고학년 부모의 경우에는 200시간 봉사 시간을 달성한 사람들도 꽤 있었다. 봉사단에 대한 이런저런 잡음이 있다는 것을 나중에 알게 되었지만, 처음 시작하는 마음은 그저 새로운 경험에 들뜨기만 했다. 타인을 위해 자신의 시간을 들여 노동하는 것은, 생각보다 뿌듯한 경험이었다. 시작하고 몇 회 지나지 않았을 때 가슴이 꽉 차게 충만해지는 느낌이 들었는데 그것을 뭐라고 표현할 길이 없었다. 처음으로 이타성을 발휘하면서 자신이 좋은 인격체라도 된 것처럼 당당해졌다고나 할까.

외부인의 눈으로 보기에 복지관의 급식당 운영은 기계적이고 사무적으로 처리할 수 있는 일은 아니었다. 사람을 상대하는 업무라 감정이 개입하는 일이었고 복지를 수혜가 아닌 권리 추구로 생각할 수 있도록 수급자를 대하는 마음가짐이 중요해 보였다. 정식 직원만으로 급식당 사업이 운영되는 것은 아니었다. 대상자를 확인하고 자원봉사 단체를 섭외, 조율하는 것은 복지사가 담당했지만, 그 외 식당 운영 전반과 도시락 배달 등의 업무는 대부분 공공근로, 자원봉사자의 손길이 필요해 보였다.

학부모 봉사단도 복지관 급식당에서 배식과 조리, 도시락 배달과 설거지 등 급식당 운영의 작은 부분을 담당한 것이다. 도시락을 배달하면서 마주치는 사람은 대부분 요양보호사였다. 이미 운신이 불편하여 복지관 식당까지 직접 나오지 못하는 상황이라 집에서 요양보호사의 도움을 받는 경우가 많았고 장애가 있는 자식과 동거하는 예도 많았다.

봉사 활동을 하면서 복지관의 복지사들을 종종 접하게 되었다. 그들은 우리 단체의 봉사 활동에 항상 감사 인사를 전했고 급식장을 찾은 어르신들을 대하는 모습도 친절했다. 그들이 엄청난 박봉에 시달리면서도 힘든 업무를 해나가는 것을, 그 결과로 이직률이 어느 직종보다 높다는 사실을, 언론을 통해 전해 들을 수 있었다. 그리고 실제로 구직 과정에서 그 실체를 확인하고 놀라곤 했다.

"국민연금은 받을 수 있으려나, 건강보험료는 왜 자꾸 인상되는 거지, 연금 운용은 왜 그렇게 개떡같이 해서 고갈되고 수령 나이 가 늦춰지고 하는 거지? 도대체 세금을 어디에 쓰는 거야?"

복지라는 말과 함께 자동으로 재생되는 불평불만의 소리, 마음의 소리이다. 성실하게 세금 납부의 의무를 다하고 있는(원천징수 당하고 있는) 국민으로서 아무리 생각해 봐도 복지 혜택이라고는 쥐뿔도 받지 못한다는 불만이 많았다. 더욱이 노후를 위한 전망마저 불투명하다고 생각되니 세금에 대한 저항이 점점 커져 갔다. 하지만 직접 '나'에게 혜택이 돌아오지 않는 안전망이라는 게 무슨 의미가 있냐는 불평 사이를 비집고 들어오는 잘 보려고 하지 않았던 사실들을 포착할 수 있었다.

시어머니는 노령연금을 매월 받아서 용돈으로 충당한다. 충분하단다. 워낙 돈을 허투루 쓰지 않는 기술을 평생 연마한 덕분인지 적은 돈이라도 여윳돈을 수중에 항상 지니고 계신다. 노령연금을 받기 시작한 때부터 해마다 물가 상승에 따른 인상으로 자식 대신 국가에서 용돈 받는다고 좋아하신다. 작은이모는 몇 년 전 노인복지 주택에 입주했다. 저렴한 임대료를 지불하고 노인에게 최적화된 주거지에 입주해서 남은 생을 보낼 수 있게 되었다고 한다. 자식보다 더 알뜰살뜰 안부와 건강 상태를 물어주는 관리소 직원들이 있어서 엄청나게 만족한다는 전언이다.

작은이모부와 작은엄마는 노인 요양 등급을 받아 요양원에서 생활한다. 치매라는 힘든 병을 함께 할 기관을 잘 찾은 덕에 가족의 부담이 많이 덜었다. 마지막으로 선천적으로 장애를 가지고 태어난 조카들은 여러 가지 교육을 위한 복지 바우처를 활용하고 있다. 나이와 발달 시기에 맞는 적절하고 효과적인 교육을 받기에 턱없이 부족한 지원이지만 교육을 비롯한 다양한 외부 활동을 지원하는 소소한 정책이 늘어나는 추서라고 한다. 더불어 직업훈련과 취업 알선을 통한 사회 진출을 돕고 있다고 한다.

"교실 문 앞까지 보조교사가 마중을 나와 아이와 함께 교실로 입실한대."
"와, 복지국가네. 예전하고는 달라."

조카가 학교에 입학하자 걱정이 태산 같던 가족들은 학교에서의 하루가 어떠했는지 궁금해했다. 온 가족의 관심과 걱정을 알고 있는 아이의 엄마는 아침 등교 장면을 보내주면서 안심시켰다. 장애가 있는 아이, 그 아이를 학교에서 돌보는 선생 간의 극렬한 갈등이 법정 다툼으로 가는 뉴스를 보면서 조마조마한 마음이었지만, 입 밖으로 한마디 꺼내기도 두려웠다. 각자의 처지에서 고충이 있었을 거라는 막연한 짐작이 있을 뿐, 당사자가 아닌 이상 마땅히 보탤 말이 없지 않은가.

엄마에서 선생님으로 보호자가 바뀌는 순간, 마중과 배웅이 교차하는 시간도 이제는 익숙한 일상이 되어갈 것이다. 다수의 아이와 달라서, 그들보다 느리고 굼뜨다는 이유로 배제하던 과거에서 아주 조금씩 벗어나고 있다. 아직도 세상은 다수의 편리에 맞게 돌아가고 천천히 자기 속도로 자라는 아이들은 사회의 보폭을 맞추기엔 버겁다. 과거와 달라졌다고 지금 세상이 '진정한 복지'에 이르렀는지는 의문이다. 단지, 세상에 없는 존재였던 그들이, 잘 보이지 않던 그들이 세상 밖에 나와 활개를 치는 날을, 그들의 행동과 몸짓을 특이하고 생소하게 주시하는 눈길이 없어지고 익숙한 풍경으로 받아들이는 날이 오기를 기다려 볼 뿐이다.

주변을 대충 둘러보아도 장애아동을 위한 교육과 취업 지원, 노년의 기초적인 생활을 위한 경제적 지원, 병간호를 돕는 시설에의 수용 등 많은 사회적 장치를 발견할 수 있다. 복지 대상자와 그의 가족은 이런 상황을 예상할 수 있었을까?

아이는 태어나면 모두가 별 탈 없이 건강하게 일상을 살아갈 것이라고, 노년의 삶도 자력으로 그럭저럭 잘 지나갈 거라는 막연한 미래를 그렸을 것이다. 자기를 잊어가는 무서운 병에 걸려 가족에게 무거운 짐이 되는 일을 상상하거나 자립하기 힘든 선천적 조건을 타고 태어나는 그들은 특별히 운이 좋지 않거나 불행한 사람이 아니다. 어디서나 흔히 우리 곁에 있는 보통의 이웃이다.

조금만 자세히 둘러보면 가까운 가족 중에서도 이렇게 많은 존재가 보인다. 엄연히 현재를 함께 사는 사람들이다. 그러니 너나 할 것 없이 그들이 될 수 있다는 것이다. 다수가 지배하고 그들에게 익숙한 세상에서 미처 경험하지 못한 결핍이 찾아오는 날을 맞이할 수 있는 것이다. 그런 날을 위해 고르지 못한 기회를 조금이라도 평평하게 만들어 보자는 시도가 복지가 아닐지 생각했다.

복지사에 대한 대우가 형편없을지언정 도전해 보고 싶은 마음이 생겼다. 앞으로 현업에서 활동할 수 있는 기간이 길지 않겠지만 한 번이라도 금전적인 이유를 떠나서 현재 가장 가치 있게 느끼는 일을 해보고 싶었다. 현장에서의 고충을 철저하게 알지 못하니 저지를 수 있는 일이었는지도 모른다.

자, 무모하지만 우선 자격증부터 또 따볼까.

04 언제까지 진로 탐색만 하고 있을 거야

반 장난으로 시작해서 취득한 자격증을 장롱 속에 깊숙이 간직한 채 또 다른 자격증에 도전했다. 이번 목표는 사회복지사 자격증이다. 학점은행을 통해 필요한 과목을 이수하고 정기적 시험, 과제 제출 그리고 100시간 실습으로 자격이 주어졌다. 간단히 정리하면 이렇게 한 문장으로 끝나지만, 정식 학위증을 받기까지 긴 시간과 학비를 충당해야 했다. 매일 학교에 가는 것처럼 노트북을 열어 온라인수업에 출석하는 것으로 하루를 시작했다. 성실한 삐사감은 수업 진도율을 100%로 만들었다. 때로는 멍한 상태로 강의 내용을 눈으로만 겨우 따라가기도 했지만 사회복지에서 다루는 내용이 실생활과 너무나 밀착이라 지루하지 않게 따라갈 수 있었다.

본인이 삶이 기본적인 '사회적 안전망'이라는 사회복지와 얼마나 연결되어 있는지, 그것의 유두에 따른 생활 변화를 상상하게 되었다. 아울러 이런 정책, 제도가 필요한 이유, 그리고 그것이 실제로 은영되고 있는 모습을 자세히 살피는 과정이었다. 수업 참여, 과제 제출, 시험 등의 과정에서 여전히 해법을 찾아가고 있는 해묵은 문제에 대해 생각할 기회가 많았다. 사회적 논의가 거듭되어도, 다른 나라의 사례를 벤치마킹해도 쉽게 해결되지 않을 질문에 대한 고민의 시간이었다.

주로 온라인으로 만나는 강사와 학생은 생생한 현안을 화두로 자기만의 의견을 개진하고 그에 대한 찬반 토론을 진행했는데 과제 제출이나 시험보다도 바로 지금 우리의 생활과 직간접적으로 연관된 문제를 생각하는 기회라서 귀중하게 느껴졌다. 아동복지에 있어서 국가 역할의 범위, 잔혹해지는 청소년 폭력 사건에 대한 처벌 강화의 필요성, 사례별 복지사의 개입 문제 등 흑백으로 완벽하게 가르기 힘든 주제로 토론은 진행되었다. 다른 학생의 의견을 열람하는 것보다 자기의 의견을 조리 있게 개진하는 것이 훨씬 어렵게 느껴졌고 근거를 바탕으로 조목조목 반박하는 답글에 감탄했다.

이와 같은 토론에 정해진 답은 없을 것이다. 그중에서도 사례별로 복지사의 개입이 내담자에게 얼마나 영향을 줄 것인지, '봉사'를 하는 사람이라는 이미지로 고착된 복지사의 진정한 역할은 무엇인지를 주제로 한 토론은 종잡을 수 없이 난해하게 다가왔다. 아무래도 현장에서 직접 경험한 자만이 도출할 수 있는 답변 같았다. 무리 없이 학과 과정을 끝내자, 100시간 실습이 남아 있었다. 코로나 시국이라 기관에서 현장 실습이 쉽지 않았지만 필수과정이었다.

겨우 현장 실습 허가를 받은 곳은 20명 남짓한 어르신이 공동생활을 하는 시설이었는데 생각한 것보다 열악한 환경이었다. 노인요양원의 공기는 탁하고 정체를 알 수 없는 냄새로 가득했다. 치매 노인이 대부분이라 기저귀로 대소변을 받거나 대소변이 가능한 어르신도 침상 옆에 통을 비치해 두고 처리하는 경우가 많았다. 게다가 주방에서 삼시 세끼를 만들고 있어 온갖 냄새가 섞여 있었다. 하지만 냄새 따위는 이삼일 지나자 곧 익숙해졌고 큰 문제가 아니었다. 그보다는 치매를 앓는 분들에게 적응하는 것이 더 급하고 중요한 과제였다. 병 질환을 제대로 파악해야 비로소 어르신과 소통할 수 있겠다는 생각이었지만 단시간에 쉽지 않은 일이었다.

어르신에 관한 모든 일을 직접 처리하고 대응해야 하는 요양보호사들은 퉁명스럽고 손길이 거칠었다. 노동의 고단함 때문인지 지쳐 보였고 어르신에게 적대적으로 대하는 것도 자주 목격할 수 있었다. 정신이 혼미한 상태의 어르신이 잘 알아듣지 못하고 인지하지 못한다는 이유로 비아냥대거나 폭언을 퍼붓기도 했다. 그들은 항상 말끝마다 불만과 넋두리를 토해냈다. 외부 강사는 요일마다 각기 다른 프로그램으로 어르신과 다양한 활동을 했다. 약간의 신체활동과 인지 놀이 활동을 통해 조금은 건강한 수용 생활을 도모한 것이리라. 그렇다면 사회복지사의 역할은 무엇이었을까?

기관에 상주한 사회복지사는 건강보험공단 시스템을 운영하는 사무적인 업무 이외에 기관에서 생활하는 어르신과 거의 직접 접촉하지 않았다. 실습 동안 그의 업무가 공교롭게도 서류를 처리하는 일에만 한정되었던 것인지는 알 길이 없지만, 업무는 단조로워 보였고 사무실에서 좀처럼 움직이지 않았다. 100시간의 실습은 요양보호사를 돕거나 외부 강사의 수업을 보조하는 것, 그 외에 기관의 청소와 같은 잡다한 업무로 거의 채워졌다. 기관마다 복지사의 역할은 다르겠지만 이 기관의 복지사는 기관 내 구성원 중 가장 사무적이고 가장 자유로워 보였다. 어르신과 요양보호사의 갈등에서도 항상 멀리서 방관하는 자리에 있었다.

실습수업을 시작하던서 담당 교수는 이 자격증이 요즘 국민 자격증이라며 누구나 소지한, 흔하디흔한 자격증이라며 말문을 열었다. 덧붙이면서 한쪽 주머니엔 운전면허증, 한쪽 주머니엔 사회복지사 자격증이라나! 이 말은 100시간 실습을 앞둔 예비 복지사들을 격려하는 말이었을까, 기죽이는 말이었을까. 공교롭게도 그날 온종일 진행된 대면 강의에서 가장 기억에 남는 말이 되었다.

100일 동안 100세를 넘긴 할머니가 돌아가셨고 두 분이 새로 입소했다. 비어 있던 할머니의 침상은 다른 사람으로 채워졌다. 평균나이 80세를 넘기는 입소자들은 배회 공간을 서성이거나 방 친구와 대판 싸우거나 삼키지 못할 정도의 빠른 속도로 밥을 입에 구겨 넣다가 식사 자리를 어지럽혔다. 그러다가 장구 선생님이 오면 신명 나게 창을 따라 하고, 공놀이를 하다가 도로 감정이 상해 토라져 버렸다. 기관에서 탈출을 기도했지만, 건널목 앞에서 방향을 잃고 그 자리에 우두커니 서 있기도 했다. 아동, 청소년, 노인, 장애인, 여성을 흔히 사회복지의 대상자로 본다면 실습 기간을 통해 노인복지의 단면을 경험한 것이다.

여러모로 소진되는 시간이었다. 책으로 공부하는 것과 현장은 살벌하게 다를 것이라고 예상했지만 상상 그 이상이었고 자신감은 온몸에서 쏙 빠져 버렸다. 늙었다고 불행한 것은 아니겠으나 기관에 입소한 어르신은 자기 자신을 잃어가는 불행한 병에 압도되어 있었다. 시간이 흐르는 것을 무력하게 기다리는 그들의 모습을 외면하고 싶어졌다. 누구에게나 찾아올 노화, 그리고 어쩌면 닥칠지도 모르는 치매를 안고 살아가는 노년의 삶은 어떠해야 할지, 이 기관에 있는 어르신의 하루는 최선인지, 막연해서 불안했다. 그리고 이런 기관에서 일하는 모습이 쉽게 그려지지 않았다.

늙어가는 것은 마치 계단을 하나 내려가는 것과 같다는 비유를 본 적이 있다. 신체적 쇠약에 따라 인지적, 정신적 능력도 쇠퇴해 가는 과정을 표현하는 말이었다. 늙어가는 것은 다른 세계로 이동하는 것인지도 모른다. 계단을 내려서려는 순간이란, 익숙했던 세계와 낯설지만, 새로운 세계의 경계에서 어느 쪽도 편하게 느껴지지 않는 순간을 맞이하는 것이라는 생각이 들었다. 그러나 누구나 내려가야 할 계단, 즉 본인에게도 닥칠 미래라는 것을 아는 만큼 생생한 그 현장이 무서웠다.

나이가 들고 성숙해졌다고 감정이 마냥 뭉툭해져서 모든 일을 편하게 수용할 수 있는 것은 절대 아니었다. 아직 경험하지 못한 모든 곳에서 여전히 미숙했고 세상은 여전히 두려운 곳이었다. 그렇게 실습을 거치며 선명하게 도드라지는 자기를 발견했다. 지금이라도 자기를 찾겠다고 나선 길 위에서, 탐색만으로 끝날 것 같은 위기를 느꼈다. 언제까지 탐색만 하고 있을 거냐는 질책의 목소리가 아우성처럼 들리는 듯했다.

치사하고 비겁하게도 노인보다 쉽다고 생각한 대상을 찾아 취업을 시도했다. 그래서 알량하게 떠올린 대상이 아동, 청소년, 여성이었다. 초심자에게 행운이 있다고 했던가? 서류를 접수하자마자 면접이 잡혔다. 아동을 대상으로 하는 기관이었는데 구체적인 사업 내용을 들어보니 토요일 근무가 필수였다. 배부르고 안일한 생각이지만 '워라밸'의 꿈을 처음부터 포기하고 싶지 않았다. 주말이라야 함께 움직일 수 있는 가족 회합의 시간을 놓치면서까지 취업을 결정할 정도로 급하지 않았다. 토요일 근무에 적극적인 자세를 보였다고 채용이 되었으리라는 보장은 없지만, 출산과 육아로 한차례 퇴사한 이후 비교적 쉽게 재취업에 성공했던 것을 기억해 내고 은근히 자만했고 기대했다.

'첫 끗발이 개 끗발'이라는 말이 저절로 떠오를 정도로 목이 타게 기다려도 면접의 기회조차 쉽게 다시 찾아오지 않았다. 어느 날 무심히 채용 사이트를 클릭하면서 둘러보다가 '입사 지원 현황'을 우연히 발견했다. 워크넷에서 제공하는 이 데이터는 지원한 기관의 지원자 현황을 보여주며 이 자료는 많은 것을 말해준다. 지원자들을 성별, 나이, 학력, 경력 등으로 세분하여 '당신의 위치'가 어디인지 확실하게 알려주는 것이다. 적나라한 통계 자료에 세상 초라하게 쪼그라들었다. 시작해 보기도 전에 아주 불리한 위치에 있다고 친절하고 촘촘하게 알려주는 시스템에 기겁한 것이다.

"당신보다 젊은 나이에 석박사 학위까지 있는 가방끈 긴 지원자, 거기에 경력까지 갖춘 인재들이 지원했어요, 면접에도 호출되지 못하는 것은 이런 이유 때문 아닐까요?."

워크넷 시스템은 매우 구체적이고 객관적인 사실을 자료로 제시해서 날것의 현실을 그대로 보여주고 있었다. 덕분에 아주 비관적인 마음이 되었고 초조해지고 허무해졌지만, 동시에 다시 뭔가 시도해야겠다는 동기도 생겼다. 남들과 구별되는 자격증을 더 취득해 두어야 하겠다는 생각이었을까. 관성적인 공부 습관이었을까, 주변에서 청소년 관련 자격증에 관심을 보이기 시작했던 친구들의 움직임에도 쉽게 흔들리며 영향을 받았다. 그래, 내친김에 청소년 지도사 자격까지 갖춰보자는 결론에 도달했다.

청소년학도 사회복지학과 매우 닮은 과정으로 학점을 취득했다. 사회복지학에서 하나의 부문으로 청소년 복지를 다루었지만 조금 더 면밀하게 파고드는 차이가 있었다. 학점을 취득하면 필기시험이 면제되고 면접을 통해서 자격 여부가 결정되었다. 이번 시험은 면접만으로 진행되므로 모든 과목의 문제에 대한 답변을 기록해 보았다. 핸드폰에 내장된 보이스레코더를 이용해 각 문제에 따른 답변을 녹음하면서 암기해 본 것이다.

자신의 목소리가 제대로 전달되는지, 목소리의 크기와 정확도를 시험 삼아 들어보다가 문제 은행의 답변을 하나씩 녹음해 두고 그것을 들으면서 집안일을 해보자는 아이디어가 떠올랐다. 매일 팟캐스트나 오디오북, 음악 등을 들으면서 집안일을 하는, '멀티태스킹'까지는 아니더라도 몸과 머리를 동시에 움직이는 것에 익숙했기에 떠오른 생각이었다. 물론 신경 쓰지 않고 흘러들어도 좋을 라디오 방송이나 음악처럼 편한 마음으로 면접을 대비할 수는 없었다. 다만 아이들의 영어 흘려듣기처럼 자주 들어서 자연스럽게 입에 붙기를 바랐고 시험을 나름대로 준비하고 있다는 안도감을 주는 방편으로 충분히 기능했다.

이번에도 어김없이 열심히 했다. 비록 시험 대비 교재 한 권에만 공들이면 자격 취득에 어려움은 없어 보였지만 시험은 항상 시험의 얼굴을 바꾸지 않았다. 난이도에 상관없이 긴장되고 초조해지게 만들었고 시험장에서 만나는 사람들이 뿜어내는 아우라도 그 느낌을 배가시켰다. 시험장으로 향하는 엘리베이터에서 대학생들이 주고받는 말에 귀를 쫑긋하면서 들어보니 준비하지 않았던 생소한 내용이었다. 그들이 시험 관련하여 나누는 내용이 낯설어서 일순 긴장했지만 인제 와서 뭘 어찌하랴 싶은 마음에 금방 덤덤해졌다.

면접장에 족족 도착하는 응시자들은 연령대를 예측하기 힘들 정도로 중구난방이었다. 아주 어려 보이는 대학생부터 머리가 희끗희끗해 보이는 중년까지, 몇 개의 조로 나뉘어 차례대로 면접장에 입실하고 나머지 인원들은 대기실에 모여 앉아있었다. 수험서를 마지막으로 확인하는 사람과 노트에 정리한 내용을 훑어보는 사람, 그저 멍하니 무념무상인 사람이 모여 지루하게 순번을 기다렸다. 빠른 조에 배정되어 면접을 끝낸 사람들의 홀가분한

PART 1. 다시 배우는 것도 괜찮습니다

뒷모습을 부러워했다. 조금은 뒤 조에 편성된 탓에 기다림이 길어졌다. 미련하게 끝까지 챙겨온 수험서를 보고 다시 또 보았다. 잘 외워지지 않아 접어두었던 페이지를 읽고 또 읽어도 헛갈리던 부분은 계속 헛갈리고 머릿속에 이제 더 이상 들어오지 않았다. 덮어두자니 순서는 아직 멀었고 펼쳐두어도 집중은 안 되어서 그냥 흰 종이에 검은 글자를 멍하니 쳐다보는 꼴이었다.

드디어 우리 조가 호명되었다. 체격이 큰 남자와 여자, 그리고 삐사감은 면접장 앞으로 안내되어 대기했다. 기다리는 동안 작고 낮은 목소리로 서로 응원의 말을 주고받으며 긴장을 풀었다. 면접장에는 면접관 세 명이 앉아 있었다. 한 사람당 각각 3~4문제가 주어졌다. 차례가 돌아오기 전에 다른 사람의 질문에 나름대로 답변을 만들어 속으로 대답해 보았다. 학생으로 추정되는 두 사람은 법령이나 정확한 사업명을 대지 못하고 대충 얼버무리는 부분이 있었다. 특히 남자 학생이 대답을 잘하지 못해 안타까웠다.

삐사감도 한 문제는 삐끗했다. 사업명을 착각하여 다른 내용을 열심히 늘어놓다가 도중에 잘못을 깨달았지만, 기억이 분명하지 않아 동문서답으로 밀고 나가고 말았다. 공부한 것을 자랑이라도 하듯이, 열심히 했다고 피력해보겠다는 심보로 원하는 만큼 말하고 나왔다. 시험 결과를 확인해보니 생각보다 감점이 커서 조금 의아했다. 감점 사유를 알고 싶었지만, 무사히 면접시험을 통과했으니 그걸로 족하기도 했다. 이렇게 청소년 지도사 자격증도 손에 쥐었다. 이로써 장롱 면허 4총사가 완성되었다.

각종 자격증 시험장에서 만나는 사람 중에는 졸업을 앞두고 취업 준비로 방구석에서 끙끙대고 있는 아이 또래의 응시자들도 있었다. 앞뒤 연번으로 앉은 탓에 가벼운 대화를 나눈 그들과 훈훈한 인사를 나누기도 하고 단체 면접장에서 횡설수설하는 어린 학생을 보면서 부모의 마음이 되어 안타까워졌다. 그러나 20여 곳에 지원하고도 면접 제의조차 제대로 받지 못하는 시간을 보내자니 면접장에서 만난 학생들의 얼굴이 다른 의미로 떠올랐다. 워크넷 데이터에 수치로만 떠돌아다니던 실력자들이 면접장에서 만난 학생들의 얼굴과 겹쳐 보이기 시작한 것이다. 그들을 걱정할 때가 아니었다.

젊은 취업 준비생들이 모두 잘되었으면 하는 마음과 별개로 그들과 본인을 비교하게 되었다. 이런 취업 빙하기에. 그만 은퇴해도 될 나이에, 다시 취업 전선에 나선다는 게 가당키나 한 일일까. 아무리 같은 학력과 자격증을 보유하고 있더라도 정식으로 대학을 나온, 젊고 더 활기차고 건강해 보이는 사람에게 호감이 가지 않을는지. 그래서인지 수십 개의 지원서는 공중분해된 듯 아무런 응답이 없었다.

덜컥 이쯤에서 그만해야겠다는 생각이 들었다.

PART 1. 다시 배우는 것도 괜찮습니다

05 그래도 네 개의 자격증은 남았습니다

구인 구직 사이트를 연다. 새로 게시된 일자리는 없어 보인다. 지역을 바꿔가며 샅샅이 살펴본다. 이런, 지난 2월에 원서를 접수한 기관에서 다시 채용공고가 올라왔다. 서류 단계에서 바로 탈락한 곳이었다. 새로운 공고를 살펴보니 집에서 40여 분이 걸리는, 한 번 버스를 갈아타야 하는 곳에 근무지가 있었다. 지난 번에 면접조차 부르지 않았는데 또 원서를 내면 기분 나빠하려나? 기억이나 할까? 남의 사정 살필 때가 아닌데 이런저런 생각으로 맘이 내키지 않는다. 오후 4시간 반일제 근무, 임금은 최저임금보다는 높다. 다른 사회복지 기관과 비교하면 훨씬 높다고 할 수도 있다.

신도시라는 이름으로 조성된 동네로 이사를 했다. 주변을 둘러보니 아파트나 관공서의 건물 한쪽에 어김없이 돌봄센터라는 이름의 공간이 자리를 잡고 있었다. 이곳은 아이들을 위한 장소인 동시에 일하는 부모들을 위한 기관이라고 할 수 있다. 한동안 취업에 대해 심드렁한 상태로 오랜 시간 동안 관심을 끊고 있어 새로운 일자리가 있다는 것조차 인식하지 못하고 있었다. 이 분야의 복지사업은 시작한 지 몇 년 되지 않았고 새 도시가 조성될 때마다 인력이 필요하다는 사실을 새롭게 인식하게 된 것이다. 어쩌면 관련 분야일 수도 있겠다는 생각에 채용 사이트를 다시 기웃거려보게 되었다.

몇 년 만에 각성한 듯 지원서를 제출했다. 우연인지 필연인지 자격증 4총사 중 세 개의 자격 요건을 한꺼번에 내세운 공고가 눈에 띄었기 때문이다.

물론 자격증보다 우선으로 하는 채용 요건들이 있을 것이라고 냉철하게 생각하기로 했다. 하지만 좋은 카드를 손에 쥐고 있는 것 같았다. 가능성이 눈앞에 성큼 다가오는 느낌마저 들었다. 뼈사감이 소지한 자격증을 굴비처럼 하나로 묶어서 필요로 하는 기관이 있다는 게 신기하고 반가웠다. 이번 채용 사이트에는 지원자 현황을 알려주는 데이터가 없어 조금은 편한 마음으로 지원해 보기로 했다.

그전에 작성한 이력서와 자기소개서를 열어 기관의 사업 내용을 참조하면서 수정하고 제출했다. 이틀 후 면접에 오라는 연락을 받았다. 이번 채용 전형은 신속하게 진행되어 서류 제출과 면접, 채용 결정까지 일주일이 채 걸리지 않는 일정이었다. 오만가지 쓸데없는 상상을 사전에 차단해 주는 채용 과정의 속도감이 맘에 들었다. 매번 준비하는 과정에서 들뜨는 기분과 기대가 그것이 좌절되었을 때 거품이 사그라지듯 가라앉아 버리던 기분이 떠올랐기 때문이다. 완만한 산을 타고 내려오듯 감정이 서서히 식어가면 좋으련만 뾰족한 산 정상처럼 고조되었던 감정은 급한 경사면을 타고 내려오면서 쓸데없는 어두운 마음마저 함께 데리고 오곤 했다.

덤덤한 마음을 유지하려고 사업 내용이나 기관의 정보에 대해 미리 알아보지 않았다. 면접일은 오락가락하는 봄 날씨 속에서 유독 따듯해진 날이었다. 좀처럼 맞추기 힘든 날씨를 제대로 파악하지 못하고 입고 나온 재킷이 덥게 느껴졌다. 게다가 평생 뛰는 일이 없던 사람이 눈앞으로 다가오는 버스를 놓치지 않으려고 뛰었더니 시야가 흔들리고 숨이 가쁘다.

버스가 지나가면서 보이는 동네 풍경은 신도시의 전형이었다. 잘 아는 카페와 화장품 가게, 편의점, 아이스크림 가게 등 어느 도시에서나 세트처럼

PART 1. 다시 배우는 것도 괜찮습니다

발견되는 상점이 보였다. 새롭고 독특한 것은 아무것도 없었다. 잘 지어진 학교와 관공서 건물, 사용감 없이 단정한 보도블록, 아직은 가느다랗고 빈약한 줄기를 가진 나무까지. 면접장과 근무지가 있는 건물마저도 새로 단장한 건물이라 새집 냄새로 가득했다. 면접장에 도착하니 머릿속이 하얗게 변하면서 무념의 상태에 빠졌다. 긴장감도 없이 자꾸 멍해지는 머리를 깨워 넉넉하게 남은 시간 동안 제출한 서류를 천천히 읽었다.

면접장에는 3인의 면접관이 자리했고 그들의 얼굴에서는 젊음이 뿜어져 나오고 있었다. 그들의 나이를 특정할 수는 없었지만, 노인 요양사업에 이어 아동 돌봄 사업까지 확장하고 있는 조합의 대표들이었다. 너무 긴장한 탓일까, 너무 생각이 없어진 탓일까, 그들에 대한 엉뚱한 궁금증이 머릿속에서 마구 떠올랐다. 토요일 오후까지 면접을 위해 출근한 그들은 자기의 일에 만족하고 있을지, 일에 대해 어떤 기대를 하고 있을지, 이런 기관을 만들게 된 계기가 무엇인지 역으로 물어보고 싶어졌다. 면접관의 '시작할까요', 라는 말에 간신히 정신을 되돌릴 수 있었다.

자기소개서를 정독하면서 면접 대기 시간을 착실하게 보낸 덕분에 크게 막힘없이 생각한 대로의 답변이 흘러나왔다. 20여 분의 시간 동안 세 명의 면접관은 각자 질문을 던졌고 중복되는 답변도 있었지만, 나름의 생각과 가치를 매우 솔직하게 피력했다. 문제는 과도한 솔직함에 있었다. 전공한 과목으로 프로그램을 제작해서 수업을 진행할 수 있겠냐는 질문에 다소 부정적인 내면의 감정을 그대로 드러낸 것이다. 너무 오래된 지식을 끄집어내어 수업까지 준비하려면 새삼 엄청난 공력이 필요하겠다는 생각을 여과 없이 전달하고 만 것이다. 그것까지는 하기 싫다는 의미를 내포한 답변이 되고 말았다. 면접장에서는 해서는 안 되는 말을 한 것이다. 면접관은 조심스러우나 단호한 표정으로 목소리를 바꾸며 이렇게 얘기했다.

"실례되는 말이지만, 자신 있게 할 수 있다고 대답하는 게 나을 것 같습니다. 비록 본인이 할 수 없는 일이라도 우선 그렇게 말하는 게 면접장에서는 맞을 것 같아요."

실수라고 생각하지 않았다. 그것이 당락을 결정하는 요인이 될 것이라고 미처 생각하지도 못했다. 산책길에 면접 후기를 곁해 듣던 아이가 어떻게 그런 대답을 할 수 있었냐며 어이없어했다. 면접을 마친 이후에 가벼웠던 마음이 그제야 왜 그런 돌발적인 답변이 튀어나왔는지 생각하느라 골똘해졌다. 취업이 절실하지 않아서, 어차피 안 될 것 같아서, 갑작스러운 면접이라 당황해서…. 도대체 어떤 마음에서 그랬는지 알 수 없다. 어쩌면 복잡하고 복합적인 심리가 소중한 취업 기회를 날렸는지도 모른다.

완전히 기대를 놓지 않을 정도로 면접 분위기가 나쁘지 않았지만, 예상대로 완곡한 거절의 통보를 받았다. 일을 대하는 태도에 문제가 있다고 느꼈을 것이다. 모든 질문이 당당하고 이성적으로 잘 대답하던 면접자가 어떤 특정한 사안에 대해서 적극성은 고사하고 자신 없는 반응을 보임으로써 모든 장점은 잊히고 부정적인 태도만을 각인시킨 결과를 낳았다.

면접 피드백을 요청해 보았다. 기대하지 않았지만 친절하게도 장문의 문자가 도착했다. 면접관의 지적 사항 중에 다른 사람과 혼동한 흔적이 보였지만 대체로 정황상 맞는 피드백이었다. 채용을 고려하였으나 자신감 없는 태도가 결정적인 당락의 요인이었다는 뼈아픈 답변이었다. 판에 박은 위로의 문장일지 모르나 '채용을 진지하게 고려할 정도로'라는 말과 '워낙 경쟁자가 많았으니'라는 문장이 눈에 띄었다. 물론 답변의 진위를 알 수 없으나 그의 답변은 속절없이 솔직했던 시간을 회상시켰다. 후회하게 했다.

또한 불합격을 알릴 때 들어가는 관용구, '부족해서 채용되지 않았다고 생각하지 마시라'는 말에 이번처럼 확실히 부족한 부분을 인식하게 된 적이 있었나 싶어 자책이 밀려왔다. 그래도 생애 최초로 면접 피드백을 받으면서 잘잘못이 또렷해져서 절벽에서 곧장 떨어지는 것 같이 절망적이지 않았다. 서로 아름다운 격려와 인사를 주고받으며 문자를 끝냈다.

아직 오십 대로 접어들기 직전, 그러니깐 40대 끝자락에는 서류를 제출하면 면접까지 진행되는 경우도 많았다. 원서를 넣으면서 근무지를 확인하고 교통편이나 입지 등을 살폈다. 매번 냉담한 반응에 실망하면서도 매끼 식사를 반가운 마음으로 맞이하는 개처럼 마음 한쪽 구석에서는 벌써 설레발을 치며 기대를 놓지 않았다. 상당히 우호적인 분위기에서 진행된 면접임에도 최종에서 선택되지 못하는 때도 종종 있었다.

그 이유가 무엇인지 골똘히 생각하다가 결국은 나이가 걸림돌로 느껴졌다. 나이의 앞자리가 4에서 5로 바뀌자 조급함이 극도에 이르렀다. 이쪽 방면에서 아무런 경력도 쌓지 못한 자신이 초라해졌다. 고지식하게 수업 출석하고 과제물을 제출하고 시험에 응시해서 과하게 좋은 점수로 학점을 저축했던 게 오히려 앞뒤 재지 못한 미련한 짓으로 느껴지기까지 했다.

상상 그 이상의 거대한 기계가 품고 있는 수많은 나사 중에 하나로 사는 것 같이 느껴질 때가 있었다. 그 안에서 있는지 없는지 인식되지 않는 존재로 하루하루를 깎아 먹는 삶이 무의미하다고 느꼈고 그래서 그만두어버린 그 자리를 이제는 다시 꿰차고 들어가고 싶었다. 작고 초라한 나사라도 다시 되지 못해 안달이 났다. 쉽게 이루어지지 않은 일이라 더 집착이 생겼다.

거의 20년 전 다니던 회사에서 신입을 충원하기 위한 공고를 낸 적이 있다. 40대 후반의 남자가 지원서를 보내왔고 그것을 보면서 혼란스러워했던 기억이 떠올랐다. 주로 결재만 하고 실질적인 업무에 가담하지 않았던 본사에서 파견된 고문을 제외하면 회사 구성원 중에 지원자보다 연장자는 없었다. 신입을 구하는 전형에 이제 곧 50을 바라보는 사람이 지원하자 희롱으로 느껴졌다. 그때는 반 장난인가 싶었다. 그 사람의 사정은 알 바가 아니었다. 다른 이력이나 경력을 살필 생각도 하지 않고 그의 서류를 제외했던 걸 보면 나이를 처음부터 걸림돌로 간주했던 것 같다. 그의 절박함을 무시한 것은 아닐까 지금에서야 생각한다. 하지만 그런 반응이 보통의 것이라면 이제 다른 방법을 생각해야 할 때인지도 모른다.

"앞으로 이 일을 계속한다면 5년 이후에 어떤 모습으로 남고 싶으신가요? 어떤 일을 하겠다는 구체적인 계획이 아니더라도 막연한 것이라도 말해주세요."

생각지도 않았던 질문이었지만, 의외로 답변은 술술 튀어나왔다. 지원했던 기관은 주거지 근처에 공간을 마련하여 아이를 방과 후에 안전하게 보호하고 다양한 프로그램으로 놀며 학습하는 기회를 제공하면서 부모의 육아 공백을 메우는 역할을 한다. 출산과 육아를 이유로 자기 일을 포기했던 경험이 있는 사람으로서 기관의 필요성을 피력하는 티 어려움이 없었.

그런 시기를 혼자의 힘으로 해결하다가 꺾인 '꿈과 목표'는 이미 너무 희미해져서 기억조차 나지 않지만, 과거와 별반 다르지 않은 육아 환경에서 아이를 키우는 사람들이 같은 이유로 방황하지 않게 하는 것, 아이들이 육체적, 정신적으로 안정적인 보호자와 생활할 수 있는 기초적인 안전망으로 기능하는 것이 기관의 존재 이유라고 말하고 싶었다. 이러한 기관은 출생률을 놓고 경쟁적으로 내놓는 일시적인 지원금보다 근본적인 문제 해결의 열쇠라고, 당신들은 지금 사회가 꼭 필요로 하는 사회사업을 하고 있다고도 말했다.

아이가 만 2.5세가 되었을 때, 재취업했다. 살던 동네는 오래전부터 터줏대감이었던 작고 영세한 공장들과 새로 지은 아파트가 복잡하게 섞여 있었다. 6차선 도로에 비해 인도는 두 사람이 겨우 나란히 걸을 수 있을 정도로 폭이 좁았다. 머리카락이 날릴 정도로 차량은 무섭게 달려갔고 소음으로 대화는 불가했던 그 길이 어린이집에서 집으로 통하는 지름길이었다. 6차선 대로변 바로 안쪽 골목에 아이가 다니던 어린이집이 있었고 그곳으로 정한 이유는 지하철역에서 집 사이에 어린이집이 있다는 이유 단지 하나였다. 퇴근하자마자 아이를 재빨리 데리고 나올 수 있는 곳, 어린이집에서 직장인처럼 하루 10시간 넘게 머물러 있는 아이를 구출하고 싶은 마음이 그런 결정을 하게 만들었다.

역 주변 낡은 건물 2층에 자리한 당시의 어린이집을 뭐라 평가할 입장이 못됐다. 그때까지 한 번도 탁아시설을 가본 적도 없었기 때문이다. 취업 결정과 함께 이사도 하는 통에 여기저기 가볼 시간과 여유가 없었고 종교단체가 운영하는 어린이집은 원아 모집이 끝난 상태에다가 역에서 집을 지나 5분은 더 걸어가야 했다. 게다가 운영시간도 짧아 퇴근 전에 데리러 가야 했다. 어린이집은 계단을 오르면 미닫이문이 나오고 그곳을 들어가면 커다란 공간과 몇 개의 교실로 구획되어 있었다. 처음에는 혼자 계단을 올라가는 것조차 버거워했지만, 아이가 어린이집에 가지 않겠다고 불평한 적은 없었다. 뭐든지 잘 순응하는 아이였다.

거기에서 3년여를 지냈다. 과하게 아이들을 혹사시키며 준비했던 재롱잔치를 두어 번 했고 때마다 갯벌 체험과 수영장, 캠핑, 소풍을 다녀왔다. 아이는 같은 건물에 있던 어린이집에서 유치원까지 다니게 되었고 한글을 어느샌가 깨우쳤다. 가끔 아파서 곤란했고 아침마다 깨워 데리고 나가는 일도 고단했다. 일이 끝나자마자 저녁을 준비해서 먹고 씻고 치우는 일상을 엄마만큼 힘들어하지는 않았다. 어느새 직장인이 관성적으로 출근하듯이 아이도 유치원은 가야만 하는 곳, 하지만 좋아하지 않는 곳이 되었다.

"이 분야에서 재취업에 성공한다면 저와 같이 육아를 이유로 일을 그만두는 양육자가 없도록 돕고 싶습니다. 이런 기관에서의 경험을 바탕으로 5년 후에는 면접관들과 같이 사회사업을 직접 운영하는 일도 가능하리라 봅니다." 마지막 질문에 대해 이와 비슷하게 대답했던 것으로 기억한다. 급조한 것이지만 진심을 담았다. 이번 면접은 처음부터 끝까지 진심과 솔직으로 밀고 나갔다. 면접에서 그런 답변은 안된다고, 면접용 답변이 따로 있다고 아이한테 그렇게나 충고질을 했지만, 실전은 다르더라는 교훈을 얻었다.

지금처럼 동네 가까운 곳에 돌봄의 공간이 있었다면 삶은 어떻게 달라졌을까. 혼자 감당했던 짐을 나눌 기관이 있었다면 당시에 하던 일은 좀 더 전문성과 경쟁력을 가지게 되었을까. 그랬다면 지금 다시 제2의 인생을 준비

PART 1. 다시 배우는 것도 괜찮습니다

하면서 공부하고 면접관보다 늙은 나이에 면접을 보면서 전전긍긍하는 시간을 보내지 않아도 되지 않았을까.

온갖 생각으로 머리가 무거워졌지만, 면접관이 던진 마지막 묵직한 질문은 새로운 이상을 품게 만들기도 했다. 5년 후 어떻게 살아가고 있을 것인가. 구체적인 상상을 해본 적이 없다는 깨달음과 동시에 급조한 답변이었지만 새로운 대안일 수도 있겠다고 생각했다.

06 다시 배우는 것도 괜찮습니다.

재작년 겨울, 다이소에서 천 원씩에 사들인 뜨개실로 목도리를 만들었다. 아주 쉽게 떠내려갈 수 있는 겉뜨기로 만든 목도리는 작고 평범했다. 뜨개질은 겨울이면 우울해지는 마음을 달래기 위한 심심풀이로 시작되었고 완성된 목도리는 겨울의 쓸쓸한 정서를 충분히 덜어냈다. 목도리는 하나였다가 금세 둘이 되었다. 나중에는 회색, 갈색, 겨자색, 진청색 등을 혼합해서 다섯 개의 목도리가 탄생했다. 실이 모자라 미완성된 것이 아직도 서랍 구석에 남아 있을 정도로 그해 겨울에는 목도리를 밤새도록 만지작거렸다. 아직 순진하고 어려서 주는 대는 몸에 걸쳐주는 조카에게 한 개를 주고 과하게 많이 남은 것은 아이와 뻬사감이 짧게 산책을 나설 때마다 목에 감쌌다.

이때 활용한 뜨개질법은 고작 해봤자 겉뜨기, 실 바꿔서 뜨기, 올 마감하기 정도이다. 팟캐스트를 듣거나 음악을 들으며 같은 손동작을 몇백 번 반복하면 조금씩 면적을 불려 가며 완성되어 가던 목도리를 보는 것이 좋았다. 비록 아가일, 꽈배기같이 멋들어진 문양이 없어서 단순하고 밋밋해도 무덤덤하게 똑바로 실이 엮인 모습이 맘에 들었다. 거기서 그냥 멈춰 버린 뜨개질 기술은 새로운 시도는 엄두를 내지 못했다. 줄곧 겉뜨기만 반복하던 손은 조금 더 복잡해진 과정이 나오면 헤매다가 자신 없이 멈춰서 버렸다.

토끼 인형을 만드는 강좌를 신청하면서 생각했다. 그래도 엄마 옆에서 어깨너머로 배운 시간이 있는데 어렵기야 하겠어. 다른 사람보다야 잘하겠지. 엄마가 뜨개질로 만든 옷을 아주 어려서부터 줄곧 입었다. 그 시절엔 정성을 다한 옷을 아이에게 입힌다는 생각보다는 절약의 방편으로 옷을 만들어 입혔을 것이다. 조끼, 바지, 카디건, 모자 등을 자매가 나란히 맞춰서 입다가 옷이 작아지면 풀어서 다시 크게 만들어 입었다. 엄마는 도안이 없어도 코를 자유자재로 늘이고 줄이고 꽈배기, 다이아몬드 문양을 넣어가며 옷을 완성했다.

옆에서 배웠다고는 하나 현란한 기술 없이도 할 수 있는 코잡기나 겉뜨기, 안뜨기 정도였다. 그렇게 이삼일이면 옷 하나를 뚝딱 완성하는 것을 보고 별거 아닌 일이라고 착각했다. 줄이고 늘이는 등 몸 크기에 맞춰 콧수를 조절하는 고난도의 기술을 대충 보고 별거 아니라고 생각한 것이다. 손가락이 저릿하고 눈이 침침해지며 어깨가 무거워지는 일이라는 것은 나중에 직접 해보고야 알았다. 토끼 인형 만들기에 등장하는 기술은 다음과 같다. 코잡기, 코 늘이기, 코 줄이기, 단춧구멍 만들기, 끝단 마감하기, 이어 붙이기, 얼굴에 수놓기. 정작 수업에 들어가니 겉뜨기, 안뜨기, 코잡기 이외의 것들은 생전 처음 해보는 것들이었다. 더 놀라운 것은 그나마 자신 있다고 멋대로 생각하던 기초적인 기술도 정확하지 않았다는 사실이다. 아, 이것이 어깨너머로 배우는 것의 한계인가.

겉뜨기, 안뜨기부터 차례대로 다시 배우기 시작했다. 실을 어떤 방향으로 어떻게 감아야 하는지 익히고 제멋대로 내키는 대로 손을 놀렸다간 미묘하게 모양이 달라지는 것을 살피면서 한 단씩 차곡차곡 올려야 한다는 것을 알게 되었다. 옆의 사람이 짜놓은 직물의 크기를 의식하여 빨라진 손길은 코를 빼먹고 순서를 뒤틀고 결국 더 늦어지게 만들기 십상이라는 것도. 어느 날 밤에는 실타래를 푸는 데 1시간이 걸렸다. 〈변신〉을 오디오북으로 틀어놓고 천천히 풀어브리라 생각했던 실타래는 실마리가 보이지 않았다. 시간은 오늘에서 내일로 이미 넘어섰는데 아직도 서로 엉켜버린 실을 바라보다 아무 데나 끊어 버릴까 싶은 충동이 일었다.

　잘 알고 있다고 착각한 것을 다시 처음으로 돌려 배우기 시작하는 일은 쉽지 않지만 시원해지는 느낌이었다. 막연하게 대충 알고 있던 부분이 명확해졌다. '겉뜨기'를 왜 '겉뜨기'라고 하는지, 이름을 그렇게 붙인 데에는 이유가 있었고 그것을 제대로 알고 나니 헷갈려서 도중에 다른 길로 빠지는 일이 적어졌다. 철저해지지 못했던 시간도 뒤돌아보게 되었다. 앞으로 더 나가는 데 필요한 노력과 고통을 회피하고 슬쩍 맛만 보면서 그 자리에 머무르던 지난날의 안일함이 지금의 실력을 규정한 것이었다. '아가일'과 '꽈배기'를 꿈꾸지 않았고 그래서 못한 것이었다.

　겉뜨기와 안뜨기로 기본적이고 단순한 직선의 직물을 만들면서 그것에 만족하는 삶이 있다. 만약 그것보다 복잡하고 다양한 무늬의 직물을 원한다면, 그런 인생을 원했다면, 색색의 실타래를 준비하고 서로 교차하면서 문양을 만들어내는 번거로움을 기꺼이 하며 콧수를 줄이고 늘이면서 곡선도 만들어봐야 했다.

　토끼 인형을 만드는 사람 중에는 뜨개질 자체가 생전 처음인 사람도 있었다. 이미 고수의 냄새를 풍기며 저만치 앞서나가는 사람도 물론 있었다. 토끼의 다리를 거쳐 겨우 몸통을 뜨다가 풀다가 하는데 토끼 서너 마리를 이미 완성해 가고 있는 그를 보자니 환장할 지경이었다. 이렇게나 각기 다른 경험과 수준을 가진 사람들이 모였지만 모두 한마음으로 토끼의 눈을 붙이고 코를 수놓고 귀와 팔을 만들어 달아주는 농밀한 시간을 보냈다. 차라리 처음 뜨개질을 알게 된 사람이라면 좋겠다는 생각이 들 정도로 제대로 배우려는 시도조차 하지 않은 과거를 후회했지만, 이제라도 되돌아가는 길이 지름길이 될 수 있다는 사실을 알게 되었다.

겉뜨기만으로 완성한 목도리. 경제적인 소비로 필요한 물건을 만들어 내는, 최소 시간으로 최대 결과를 보려던 효율 지상주의자는 주야장천 똑같은 목도리만 공장에서 찍어내듯 만들던 시간을 부정하지는 않았다. 다만 지금이라도 새롭게 알게 된, 천천히 갈 수밖에 없는 시간의 필요성에 대해서도 눈을 돌리게 되어 기쁘게 받아들인다. 다만 토끼 인형이 점점 늘어나는 상황을 경계할 필요는 있어 보인다. 어느새 각기 다른 모양과 색을 가진 토끼 다섯이 책상에 나란히 놓이고 있기 때문이다.

취업, 재취업, 그리고 긴 경력 단절을 거치는 동안 한 번도 세상의 잣대를 의식하지 않은 적이 없었다. 결혼, 출산, 육아, 그리고 착실한 전업주부로서 해야 할 역할도 신기하게 세상 기준에 맞춰 과업을 성취해왔다. 별다른 불만이나 의심도 없었다. 그런 선택이 마냥 편했고 많은 고민 없이 앞으로 나아가게 했다. 모든 행동의 원천은 효율성에 있었다. 시간적, 금전적으로 손해가 없고 허투루 우회하는 길로 가지 않는 선택을 하는 것이 지상 목표였다. 그런데 요즘 효율이 무엇이었는지 자꾸 생각하게 되었다. '우회하는 것', '천천히 가는 것'이 의미하는 것이 단순히 느린 속도를 말하는 것이 아니라는 것을 어렴풋이 이제야 깨닫게 된다.

토끼 인형 같은 걸 왜 만들고 있냐고 물어온다면 '효율'이라는 단어를 다시 정의하기 위함인지도 모른다. 시간을 단축해서 뭔가를 성취하고 금전적인 여유를 최대치로 끌어올리기 위해 머리를 짜내야 했던, 그렇게 인생을 보내는 것이 제대로 사는 것으로 의심하지 않았던 시절에서, 각박하게 살아야만 생존할 수 있다는 위기감이 뼛속 깊이 각인되어 있었던 시간에서 벗어나려고 한다. 이제 효율, 고부가가치, 속절없이 확장되는 욕망의 반대편에 서서 느긋하게 토끼 인형을 완성할 수도 있겠다.

에필로그

작년 여름 예년과 다르게 잎을 쑥쑥 키우던 고무나무를 보면서 드디어 한 단계 더 성장하는 시기가 왔다고 생각했다. 그런데 열심히 커다란 잎사귀를 키워내던 고무나무는 겨우내 잎을 떨궜다. 푸르던 잎이 아쉬워 노랗게 변한 부분만 자르다 보니 다른 부분까지 칙칙한 색으로 변하기 시작했다. 잎 하나가 그렇게 변하더니 무슨 전염병처럼 이웃한 잎들도 안녕을 준비하는 모습이었다. 미련이 남아서 미루다가 가위를 들고 예닐곱 개의 잎을 한꺼번에 정리했다. 여린 새잎이 나올 때마다 대견하다고 칭찬하면서 햇빛이 잘 드는 곳을 향하도록 화분을 이리저리 돌려주던 마음이 떠올라 씁쓸했다.

어느덧 겨울의 끝을 지나가면서 달랑 이파리 두 개만 겨우 부여잡고 있던 고무나무에 새로운 순이 나왔다. 양쪽으로 두 팔 벌린 것처럼 사이좋게 나오는 새순도 반가웠지만, 고무나무의 조금 굵어진 줄기에 예전에 없던 무언가가 눈길을 끌었다. 변색한 잎을 똑똑 잘라주었던 그 자리, 하얀 액체를 흘리며 잎이 잘려 나가던 곳에 동그란 옹이가 여러 개 생겼다. 그 흔적이 마치 커다란 나무들이 가진 옹이의 축소판 같아서 멋져 보였다.

몇 년이나 소득 없이 계속되는 공부도 작은 포트에서 시작한 고무나무처럼 옹이를 가지는 날이 있을까. 멋진 옹이를 가지려면 잎을 떨구는 아픈 시간이 필요한 걸까. 모든 사소한 시간과 순간에도 그동안의 과정을 반추하고 있었다. 토끼 인형을 만들어도 식물을 바라보아도 무심하고 조용하게 가라

앉아 있는 줄 알았던 감정이 차올랐다. 뜨거운 물을 부으면 위로 힘차게 떠오르는 찻잎처럼 문득 거세게 떠올랐다. 그만큼 정성을 다한 나날의 의미를 찾고 있었다.

세상 빛을 못 보게 될 자격증을 품고 한동안 무기력했다. 막연한 불안이 찾아왔고 아무 뜻 없이 사람들이 던지는 말에 괜스레 서운했다. 왈칵 눈물이 났다. 이를 악물고 초라함을 감추고 싶었다. 뒤늦게 발동이 걸려버린 의지가 조금 일찍 발아했다면 이 이야기의 끝은 '성공적인 사회 진출'이라는 해피엔딩을 맞이했을지도 모른다.

하지만 거의 10년이 되어가는 과거의 일부터 최근의 일까지 김장 김치의 소처럼 한데 버무려 쓰면서 새로운 다짐과 각성이 찾아오기도 했다. 비록 이 기록은 실패담에 가깝지만, 이 과정을 거치면서 본래의 나를 구성한 성분이 좋은 쪽으로 아주 조금은 변하게 됐다고 생각한다. 비록 나 자신이 아주 조금 희망적이고 능동적이고 낙관적인 인간이 되는 데에 그쳤지만 아주 더 깊이 안정적으로 성찰하는 방법을 깨달아가고 있다고 느끼기 때문이다. 글을 쓰는 일은 고맙게도 그런 자신을 찾아가는 시간이 되어주었다.

PART 1. 다시 배우는 것도 괜찮습니다

PART 2

취미까지 잘할 필요가 있나요?

이민지

"너 T야?" 소리를 자주 듣는 편입니다.
그동안 자신을 몰아붙이기만 했는데, 이제는 스스로와 화해하는 솔직한 글을 쓰려고 한다.
단단한 글로 또 다른 세상과 만나고 싶다.
한 권의 일상 에세이를 썼으며, 마음과 음식에 대한 그림 에세이를 만들고 있습니다.

https://brunch.co.kr/@40fbed70e1ca4c7#info

프롤로그

　수국밭 한가운데 놓인 흰색의 그랜드 피아노, 그 앞에 앉은 한 여자는 심지어 1년 반 동안 피아노를 배우고 있다. 완벽하다. 이제 멋지게 치기만 하면 된다. 여기서 잘 치면 드라마인데…….

　그 여자의 손가락은 왜인지 고장 난 듯 움직이지 않는다. 배웠지만, 외워서 칠 수 있는 곳이 단 한 곡도 없던 것이다. 악보가 없으면 칠 수 없다니. 역시 피아노의 재능이 없는 그 여자의 얘기는 얼마 전 제주도의 수국밭에서 벌어진 내 얘기다.

　이상하게 행복하지 않았다. 몸 여기저기가 아팠다. 머리는 더 아팠다. 잠시 모든 걸 멈춰야 했다. 몸이 쉬는 휴식도 필요했지만, 생각이 쉴 수 있는 무언가, 순수한 의미의 취미가 필요했다. 조건은 간단했다. 잘하지 않아도 마음이 편할 것, 시간을 낭비 없이 보냈다는 느낌이 들 것, 지금까지 배웠던 것 중 가장 못했기에 잘할 거라는 기대가 전혀 없는 피아노와 정확한 순서가 중요한 떡 만들기를 배우기 시작했다. 떡을 찌고, 뜸 들이는 시간이 필요하듯 마음도 정돈할 시간이 필요했다. 아주 천천히, 그리고, 조금씩 마음도 안정을 찾아갔다.

　그동안 열심히 공부하고, 돈을 벌고, 운동하고, 인간관계에 도움이 될까 싶어 이런저런 모임에 얼굴을 내밀었다. 성공한 인생을 살고 싶었다. 미래에 도움이 되는 활동이 아니면 시간 낭비로 여겼다. 취미는 사치였다. 단군 이래 돈 벌기 가장 쉽다는 시대라며, 다들 스마트스토어, 블로그, 유튜브로 돈을 버는데 그러지 못하는 1인으로 바보가 된 듯한 기분은 꽤 자주 느꼈다. 학벌과 집안, 외모까지 완벽한 엄친아들은 세상에 넘쳐났고, 각종 미디어가 높여 놓은 행복과 완벽의 기준, 그 어딘가에서 길을 잃었다. 한 분야의 뛰어난 재능을 갖지 못한 탓에 여기저기 기웃대며 평균 이상은 하려 부단히 애를 쓰며 살았다. 끈기와 성실이라는 개인적 기질이 더해져 시간을 쪼개가며 열심히 살았다.

이왕 시간 들이고, 돈 들였는데 피아노를 잘 치면 좋겠지만 그러지 못했다. 그래서 내 기분이 어땠냐면……. 당황스러웠다. 나보다도 같이 간 남편이 더 당황한 듯한 느낌은 기분 탓이려나. 피아노 학원을 꽤 열심히 들락날락하는 것 같은데 한 곡도 치지 못했기에 놀라는 눈치였다. 난 원래 쿨한 성격도 아닌데 그날따라 웃어넘겼다. 피아노를 칠 때 실력 없는 형편을 가진 나와 만난다. 이상하게 화가 나거나 마음이 조급하지 않다. 다른 건 몰라도 피아노에서만큼은 못해도 되는 나를 그냥 인정해 버린 덕분이려나.

모든 걸 잘해야 한다고 믿었던 과거의 나에게, 또 그렇게 믿으며 열심히 살고 있을 누군가에게. 잘해도 되지 않는 취미 하나쯤 가져보는 건 생각보다 꽤 괜찮은 일이라고 말하고 싶었던 것 같다.

"다른 거 잘하기도 바쁜 세상, 굳이 취미까지 잘할 필요가 있나요?"

PART 2. 취미까지 잘할 필요가 있나요?

01 나비야 나비야 이리 날아오너라

　화장기는커녕 세수도 하지 않아 물기도 없는 얼굴에 선크림만 대충 바르고 집을 나선다. 집 앞에 있는 e-마트의 노란색 간판보다 더 샛노란 유치한 가방을 들고 걷는다. 10분도 채 걷지 않아 창피함은 느낄 겨를도 없다. 익숙한 듯 비밀번호를 누르고 들어가 제일 구석진 피아노 방에 앉는다. 고요한 정적을 깨고, 중간중간 툭툭 끊기고, 박자는 무시한 채 제멋대로 치는 피아노 소리만이 들린다.

　남들은 일이나 육아를 하고, 자유로운 백수는 여행이나 쇼핑 등을 하며 즐겁게 보내는 평일 오전 시간에 왜 굳이 어둡고 좁은 피아노 방에 앉아 있을까. 피아노를 시작한 것도, 학원에 다니게 된 것도, 대단한 포부와 결심으로 시작한 일은 아니었다.

　휴직을 시작하고 일주일이나 지났을까. 직장을 마치고, 피아노 학원에 가느라 저녁을 못 먹었다는 언니와 일상적인 통화를 했다. 시간도 생겼는데 나도 피아노나 배워볼까 싶었다. 아무것도 안 하고 실컷 쉬고 먹겠다는 결심은 일주일도 못 갔다. 언니는 "이왕 다닐 거면 집 가까운 곳이 제일 좋을 거야."하며 통화를 끊었다.

　'○○동 성인 피아노, ○○역 피아노 학원' 등을 검색했다. 뉴에이지, 재즈 등 꽤 피아노를 친다는 성인들을 대상으로 하는 학원과 초등학생 돌봄 교실 느낌의 학원 몇 개가 떴다. 성인이지만 형편없는 실력이라, 어디로 가야 할지 판단도 서지 않고, 썩 마음에 드는 곳도 없었다. 그러다 남편과 산책하러 갈 때 자주 보던 피아노 학원이 생각났다. 어두운 밤에도 예쁜 노란색 전구가 켜져 있는 따뜻한 느낌의 학원이었다. 밝을 때 다시 가서 유심히 보니 주로 아이들이 다니는 학원이었지만, 간판에는 '성인 피아노 레슨'이라는 말도 적혀 있었다. 집에서 가까운 아파트 상가의 학원이었다.

MZ임을 증명이라도 하듯 전화 문의는 불편했다. 카톡으로 간단히 비용과 레슨 시간대를 문의했다. 다행히 가깝고 조건이 나쁘지 않아 상담을 받기로 했다. 학원에는 아이들이 많았다. 생각보다 젊은 여자 원장님은 왜 피아노를 치려고 하는지 물었다. 나는 엄마 손에 강제로 이끌려 온 건도 아닌데 세상 시큰둥하게 말이 튀어나왔다.

"언니가 피아노를 치는데 재밌대요. 저는 정말 굿 치고, 재능도 없어요. 갑자기 시간이 생겨서 다시 배워볼까 싶어서요." 그러자 어디까지 칠 수 있냐는 질문이 이어졌다 "바이엘 3권, 거기까지 가면 매번 그만두게 되더라고요. 그 짓을 한 서너 번 반복했어요. 7~8살 시절부터요. 지금은 나비야도 못 친답니다." 솔직함이 창피함을 이겼다. 어차피 들통날 실력인데 굳이 포장하고 싶진 않았다.

원장님은 친절히 웃으며 말했다. "차근차근 하시면 되죠. 그런데 성인분들은 보통 바이엘은 하지 않으세요. 재미가 없어서 그런지. 보통 치고 싶은 연주곡이 있어서 그런 곡 위주로 많이들 하세요. 연주하고 싶은 곡이나 좋아하는 곡 있으세요?"

"글쎄요. 그런 건 딱히 없고, 캐논 잘 치는 사람이 부럽다? 정도. 저는 그냥 바이엘부터 하고 싶어요."

나의 확고한 대답에 원장님은 내심 놀라는 눈치였다. 바이엘과 쉬운 연주곡을 병행하면 좋을 것 같다는 말과 함께 다음 레슨 시간을 잡고, 학원을 나왔다. 재미도 없는 바이엘을 왜 굳이 친다고 했을까. 치고 싶은 곡도 딱히 없고, 등 떠민 사람도 없는데 내 두 발로 학원까지 찾아가 왜 시간과 돈을 들이려는 걸까. 남들이 말하는 재미의 기준과 내 기준은 다른가 등의 온갖 상념들이 물밀듯 머릿속을 뒤덮었다.

생각해 보면 일을 할 때도 그랬다. 퇴근 전, 사람들이 설레는 마음으로 가방을 싸고, 컴퓨터를 끄느라 분주하다. 한마음 한뜻으로 퇴근 준비에 열을 올리고 있을 때, 나는 옆에 놓인 탁상 달력에 빽빽하게 내일 할 일을 검정 볼펜으로 깨알같이 적어 내려갔다. 그러면 주위에 직장동료들은 번갈아 가며 의아한 듯 물었다.

"즐거운 퇴근 시간에 왜 김빠지게 내일 할 일을 잔뜩 적고 있어? 얼른 퇴근 준비하고, 집에 가야지~ 내일 일은 내일 생각하자고~"

"네, 먼저 들어가세요." 곧 갈 거라고 성의 없이 대답하며 손을 흔들고는 달력에 꿋꿋이 순서대로 할 일을 적어 넣었다. 내일 할 일을 정리하지 못한 상태로 집에 가는 게 더 마음이 불편하다고 구구절절 말하진 않았다. 다음 날, 빼곡하게 적힌 일을 순서대로 처리하고, 스스로 빨간펜 선생님이 되어 밑줄을 그을 때의 기분은 꽤 짜릿했다. 그런 감정을 누구에게 굳이 설명하고 싶진 않았다. 학창 시절의 스터디 플래너와 일할 때의 업무노트를 적던

습관은 휴직한 지금도 계속되고 있었다. '나의 할 일을 미리 아는 것, 그리고 했는지 확인하는 것.'

아이들도 보통 학원이 두고 다닌다는 유치한 노란색 피아노 가방을 기어코 집까지 들고 왔다. 사진을 찍어 가족 단톡방에 올렸다. 'ㅋㅋㅋ귀엽네.', '화이팅!' 등의 왠지 모를 비웃음이 섞인 듯한 응원이 도착했다. 가방 안에는 바이엘 책과 아이들 취향에 맞춘 요란한 색깔의 캐릭터가 그려진 진도 카드가 나왔다. 어릴 때처럼 몇 번 쳤는지 색칠하는 사과가 아직도 있을까 생각하며 진도 카드를 펼치니 오래전 기억이 떠올랐다.

지금도 아마 크게 다르지 않을 것이지만 나의 유년 시절 인기 있는 학원은 피아노 학원과 태권도 학원이었다. 두 학원 모두 다니는 아이들도 꽤 되었고, 무엇보다도 둘 중 하나는 필수인 것처럼 다니는 아이들이 대부분이었다. 나도 두 살 터울의 언니를 따라 피아노 학원에 가게 되었다. 자의인지 타의인지는 기억나지 않는다.

피아노의 처음은 이름도 익숙한 바이엘이다. 보통 바이엘 1권~4권의 순서로 시작하여, 체르니 100, 30, 40번의 순서로 배우게 된다. 50번도 있지만, 전공자가 아닌 이상 내 주위에 거기까지 배운 친구는 없었던 것 같다. 바이엘 1~2권은 어렵지 않게 칠만 했지만, 바이엘 3권이 되자 박자는 쪼개지고, 콩나물 같은 음표는 많아져 유난히 손가락이 짧은 어린 내가 양손을 빠르게 치기엔 버거웠다.

그때부터 흥미를 잃었다. 피아노 학원은 더 이상 피아노를 치러 가는 곳이 아닌 친구들과 어두운 피아노 방에서 귀신 놀이를 하러 가는 곳이었다.

PART 2. 취미까지 잘할 필요가 있나요?

선생님이 나눠준 진도 카드에 몇 번을 연습했는지 사과에 색칠해야 했지만, 색칠만 열심히 하는 날이 많아졌다. 얼마 못 가 피아노를 그만두었다.

또 몇 달이 지나고 피아노 학원에 다니는 친구들이 부러워지면 변덕스러운 마음에 엄마에게 다시 피아노 학원에 가겠다고 졸랐다. 엄마는 정말 열심히 할 거냐며 몇 번을 묻고는 속는 셈 치며 매번 다시 보내주었지만, 어김없이 바이엘 1권부터 시작해 3권에 다다르면 여지없이 흥미를 잃고, 그만두겠다고 선언하곤 했다.

내가 다시 시작하고, 그만두기를 서너 번 반복할 동안 비슷한 시기에 다녀 꾸준히 피아노를 쳤던 언니는 체르니 30을 나가고 있었고, 내 진도는 항상 바이엘 3권에 멈췄다. 완전히 그만뒀을 땐, 내 적성엔 음악이 그리고 피아노가 맞지 않는다고 철저히 믿었다.

이번 시도는 과연 어디까지 갈 수 있으려나. 일단 다니겠다고 질러놨지만, 시작하고 그만두기를 반복했던 화려한(?) 과거의 전력에 스스로에 대한 기대치는 낮았다. 내 일이지만 오히려 방관자가 되어 '어디까지 가나 보자.'라는 마음이 들 정도였다. 승부욕도 강하고, 성실하다는 얘기도 자주 들었다. 심지어 성격도 급한 편인데 왜 피아노에서만큼은 느긋한 마음이 드는 건지도 의아했다.

방학 기간에는 내가 주로 가는 평일 오전 시간에도 콩쿠르를 준비하는 아이들이 일찍부터 학원에 나와 연습한다. 아직 초등학교 저학년 정도로 보이는 아이들이 체르니 30번도 넘어 쇼팽, 베토벤 같은 곡을 치는 것 같다. 물론 무슨 곡인지 정확히 알지는 못하고, 어려운 곡이라는 것만 확신하고 있다. 그 틈에서 묻힐 법도 한데 단조로운 내 피아노 소리는 생각보다 유난히 잘 들렸다.

아이들은 쉬운 곡도 버벅거리며 맨 끝방에서 몇 시간째 치고 있는 내가 궁금한 듯 문 앞에서 흘끗댔다. 그 시선을 애써 무시하면서 너희들은 어려운 곡을 치거라, 나는 꿋꿋이 바이엘을 치련다, 하며 보란 듯 뚱땅거리지만, 그마저도 계속 틀린다. 이상하게 내가 틀릴 때만 주위가 조용해지는 느낌이 드는 건 기분 탓일까.

어느덧 피아노를 시작한 지 1년하고도 6개월 차, 일주일에 한 번 피아노 학원에 간다. 한 번 가면 30분인 레슨 시간을 포함해 2시간 30분 정도를 꼬박 치고 온다. 물 한 모금 먹지 않으니, 화장실도 가지 않는다. 실력과 상관없이 꽤 집중하는 모양이다. '나비야'도 못 쳤던 실력은 마의 고비였던 바이엘도 끝내고, 체르니 100번에 입성했다. 물론 그동안에 위기가 없었던 것은 아니었다.

역시 과거의 깊게 각인된 경험 탓인지 바이엘 3권은 어려웠다. 바이엘과 같이 연습하는 연주곡의 난이도도 어려워졌다. 똑같은 시간을 연습해도 진도는 좀처럼 앞으로 나아가지 않았다. 크리스마스를 한 달 앞두고 시작한 캐럴 연주곡은 크리스다스가 코앞까지 다가와도 여전히 버벅거리다 서둘러 끝내기도 했다. 캐럴은 원래 크리스마스 전에만 듣는 게 아닌가.

하지만, 이상하게 예전만큼 싫지 않았다. 조금이라도 나아지는 게 느껴지기도 했다. 나이가 들어 곡에 대한 이해력이 나아진 건지, 손가락이 조금이라도 길어져서 치기 편하게 된 건지, 인내심이 나아진 건지 모를 일이다. 사

PART 2. 취미까지 잘할 필요가 있나요?

실 피아노 좀 못 쳐도 아무 상관 없다는 마음으로 시작한 게 가장 크지 않았을까.

콩쿠르를 준비하는 초등학생들보다 못 쳐도 상관이 없었다. 그래서 창피한 마음도 없다. 계속 치다 보면 언젠가 바이엘은 끝나고, 체르니 100번, 30번, 40번 순서대로 올라갈 것이기 때문에 기를 쓰고 빨리, 일찍 갈 필요가 없었다. '언젠가 치게 되겠지.' 평소 달고 살던 조급증이 피아노에서만큼은 예외가 된 듯했다. 굳이 취미를 잘할 필요는 없지 않은가.

좋아하는 드라마나 애니메이션의 OST를 칠 될 때의 쾌감도 있지만, 무엇보다 가장 큰 짜릿함은 바이엘 3에서 4로, 바이엘에서 체르니로, 체르니 1번에서 2번로 갈 때이다. 게임의 레벨업과 비슷하달까. 다음 시간에 뭘 배우게 될진 언제나 예상할 수 있었다.

항상 포기했던 바이엘 3권의 벽은 넘었다. 같은 구간에서 포기했던 과거의 나를 극복하고 싶었던 마음은 이미 충족되었다. 그런데도 계속 피아노를 치러 간다. 이유도 모르겠고, 체르니 몇 번까지 치고 싶다는 명확한 목표도 없다. 다만, 체르니 100번, 30번, 40번······. 예상할 수 있는 그 길을 아무 생각 없이 따라가고 싶다는 생각만 마음속에 뭉게뭉게 퍼져갈 뿐이다.

누군가는 열심히 돈 벌고, 공부하고, 여행가고, 쇼핑도 하는 황금 시간대에 이유도 목표도 없이 그냥 피아노를 치러 간다. 그 마음을 설명할 수도, 이해할 수도 없지만, 또 마냥 싫지도 않다. 알고 싶지 않은 건지도 모를 일이다. 일단은 그냥 친다.

02 노다메 칸타빌레처럼

꽤 우스꽝스러운 중세 시대의 귀족이 쓸 법한 가발을 쓴 여자가 피아노를 친다. 일반인에게도 익숙한 '반짝반짝 작은 별'로 시작한 피아노는 뒤로 갈수록 어려운 부분이 나오며 변주되지만, 여자는 무리 없이 실력을 뽐낸다. 주위에 있는 사람들은 연주를 들으며 행복한 표정을 짓는다. 드라마 '노다메 칸타빌레 in 유럽'의 한 장면이다. 왠지 행복해지는 느낌도 들고, 계속 클로즈업되는 감격한 표정의 잘생긴 남자는 쉽게 잊을 수 없는 비주얼이었다.

'인생 드라마, 인생 영화'라는 말이 있다. 인생에서 제일 재밌고, 감동적으로 본 최고의 작품을 말한다. 내게도 그런 작품이 있다. '노다메 칸타빌레'라는 일본 드라마이다. 흔히 중 2병이라 부르는 시기, 부모님에게 대들며 반항하지는 않았지만, 감수성이 풍부한 그 시기에, 이 드라마를 만났다. 당시에 꽃보다 남자, 아름다운 그대에게 등의 일본 드라마가 한창 유행이었고, 일어 학원에 다니고 있었으며, 마침 가족끼리 일본 여행도 다녀오는 등 일본 문화에 대한 나름의 호기심이 폭발할 때였다.

시험이 끝난 주말 저녁, 노다메 칸타빌레 정주행을 시작했다. 너무 재미있어 밤새 전편을 다 보고 날이 밝아오자 잠 들었던 기억이 난다. 중간중간 B급 감성인 개그 코드는 그때도, 지금도 영 별로지만 주인공들이 성장해 가는 과정에 꽤 울컥했던 것으로 기억한다.

PART 2. 취미까지 잘할 필요가 있나요?

제목의 '노다메'가 여주인공, '치아키'라는 남주인공이 등장한다. 피아노에 재능이 있지만, 어린 시절 강압적인 피아노 선생님 때문에 트라우마를 가지고 있는 노다메, 유치원 선생님을 꿈꾸며 즐겁게 피아노를 치지만 치아키를 만나게 되며 피아노와 온전히 마주하게 된다. 콩쿠르, 유럽 유학 등을 꿈꾸며 성장하는 대표적인 '성장 캐릭터'이다. 치아키는 외모도 실력도 뭐 하나 빠지지 않는 학교의 최고 셀럽, 엄친아지만, 어린 시절 비행기 사고 트라우마로 비행기를 타지 못한다. 클래식의 본고장인 유럽 유학을 갈 수 없는 상황에서 노다메의 도움으로 결국 트라우마를 극복하고 오랫동안 꿈꿔왔던 지휘자로 성장하는 인물이다.

'칸타빌레'는 '노래하듯이, 부드럽게'라는 뜻으로 악보에서 사용되는 용어이다. 노다메는 악보보다는 자기 맘대로 즐겁게 피아노를 친다. 치아키는 이상하게 사람을 끄는 노다메의 재능을 알아본다. 음주와 가무를 즐기지만, 본업에서만큼은 실력 있는 지휘자인 슈트레제만도 노다메에게 말한다. "음악과 좀 더 정면으로 마주하지 않으면 즐길 수 없다."고 말이다. 그 말이 노다메에게 중요한 전환점이 된다. 물론 치아키와 함께 유럽 유학을 하러 가기 위해 나간 콩쿠르였지만, 노다메는 그때부터 음악과 정면으로 마주하게 된다.

그 당시 이 드라마가 깊게 각인된 이유는 무엇이었을까. 잘생긴 치아키 센빠이(선배)의 역할이 무엇보다도 컸을 테지만, 노다메처럼 즐겁게 피아노를 치면 행복해지고, 그러다 치아키 같은 운명적인 사랑을 만난다. 끝내 음악을 정면으로 마주하면 성장할 수 있을 거라는 느낌이 들었달까. 그 수단이나 매개체의 역할을 한 게 피아노였기에 음악과 피아노에 대한 막연한 호감이 시작됐는지도 모른다. 이후에도 '말할 수 없는 비밀'이나 '소울' 등 인생 영화라고 할 수 있는 작품에는 피아노가 있었다. 그래서 무의식중에 피아노를 치는 그 행위를 동경하게 된 것일지도 모른다. 무엇보다 음악을 즐기는 주인공들이 즐거워 보였고, 끝내 진정한 자신을 찾는 것만 같았다.

나도 요새 '반짝반짝 작은 별'을 치고 있다. 그날따라 다음 곡으로 뭘 치고 싶냐고 묻는 선생님의 질문에 '반짝반짝 작은 별'로 유명하지만, 사실 모차르트가 작곡했다는 17년 전 본 드라마의 그 장면이 머릿속을 스쳤다. 고민할 필요도 없이 대답이 튀어나왔다. 그렇게 결정된 곡은 '반짝반짝 작은 별'의 재즈 버전, 평소 영화 '소울'의 팬으로 재즈 피아노도 궁금해했던 나를 위한 맞춤 선곡이었다. 드라마와 같은 곡은 아니지만, 재즈 버전은 클래식보다 더 감성 충만한 느낌이다.

'반짝반짝 작은 별' 연주곡을 치며, 유독 생각나는 '노다메 칸타빌레'를 다시 정주행했다. 여전히 재밌었지만, 보는 내내 어딘가 마음 한구석이 불편했다. 실력 없던 오케스트라의 성장, 콩쿠르에 도전하며 힘들어하는 노다메를 보며, 그때는 등장인물의 성장 스토리에 눈물을 쏟았지만, 지금은 이상한 피로감이 느껴졌다. 아마 그때는 나도 성장 캐릭터라고 믿었기 때문이 아니었을까. 전혀 공부에 관심이 없다가 뒤늦게 흥미를 붙여 새벽 4시까지 공부하던 시기였다. 이런 나에게 부모님은 갑자기 사람이 변해 유독 걱정했었더랬다. 그때는 노력한 만큼 나아지는 성적에 한창 보람을 느낀 시절이기도 했다.

"음악과 정면으로 마주하지 않으면 즐길 수 없다."는 슈트레제만의 그 말이 그때도, 지금도 유독 마음에 꽂힌다. 악보를 제대로 보고 연주하라는 단순한 뜻만은 아닐 것이다. 정면으로 마주하고, 파고들고, 더 열심히 하면 끝

PART 2. 취미까지 잘할 필요가 있나요?

내는 경지에 오른다는 의미였으리라. 과거에는 피아노가 아닌 공부나 다른 것들을 그렇게 대해야만 성장할 수 있다고 생각했다. 지금은 전혀 다르다. 나름 치열하게 살아왔지만, 드는 생각은 '그렇게까지 해야 하나.'였다.

물론 옆집에 잘 생기고, 유능하기까지 한 치아키 선배가 살며, 같이 유학도 가기 위해서라면 그렇게까지 열심히 할 수도 있다. 외모에는 항상 진심인 편이다. 하지만, 현실은 여러 가지의 의미로 냉혹하다. 치아키 같은 선배도 없을뿐더러 이제는 내가 성장 캐릭터가 아니라는 것도 알아버렸다. 성장기라는 말이 있듯 성장은 언젠가 멈추기 마련이다. 어느새 변화가 두렵고, 안정이 제일인 어른의 모습을 한 여자의 얼굴이 거울에 비친다. 눈 밑에 진한 다크서클이 그동안의 피곤함을 말해주는 듯하다. 나는 지금 한 발짝도 나아갈 수 없을 만큼 지쳤다. 그것도 아주 많이.

03 펌프와 피아노의 상관관계

흐릿하면서도 또렷한 기억이 머리를 스쳤다. 고3이 끝나가는 겨울 방학식이었다.

"야, 수능도 끝났고, 이제 방학인데 뭐하고 놀 거야?"
반에서 꽤 활기찼던 친구가 여기저기 묻고 다니다 내 자리로 와 같은 질문을 했다. 그동안의 시간을 보상이라도 받듯 노는 것도 전투적으로 해야 했던 시기였다. 그럼에도 "글쎄……."라고 말끝을 흐리고, 집에 왔던 그날의 기억, 놀 기회는 이때뿐이라 외치는 친구들을 뒤로하고, 새벽 6시에 일어나 영어학원으로 향했다. 집에서 왕복 2시간이 넘는 거리의 유명한 토플 학원이었다. 십여 년도 훌쩍 지난 일이지만, 그런 결심을 했던 이유는 수능 영어 성적에 만족하지 못해서였다. 수능에서 만족스러운 결과를 얻은 사람이 몇이나 되겠냐는 그럴 때 보통 재수를 하지 않나?

부모님은 재수를 결사반대했고, 나도 절망감과 실망감에 휩싸여 스스로 자책하던 시간이었다. 재수나 유학 계획도 없었지만 나에게 벌을 주듯 황금같이 주어진 고3 겨울방학에 매일 단어를 100개씩 외우고, 저녁까지 학원 수업을 들었다. 가족들도 친구들도 이런 나를 이해하기는 쉽지 않았을 것이다. 아무리 놀아도 공식적인 자유를 누리는 게 불편했다. 가만히 쉬고 있으면 온몸에 이해받을 수 있는 시간임은 틀림없었다. 그럼에도 내게 주어진

PART 2. 취미까지 잘할 필요가 있나요?

두드러기가 날 듯했다. 내가 한심해 보였다. 뭐라도 해야 했다. 아마 그때가 내 만족을 위해 스스로 들볶는 것의 심각성을 느낀 첫 사건이 아니었을까.

건강을 위해 시작한 운동이었다. 사회생활을 하면서도 한 끼는 꼭 샐러드를 먹을 정도로 식단을 철저히 지켰고, 운동도 빠짐없이 나갔다. 식단, 운동 횟수 등 점차 지켜야 할 것들이 많아졌지만, 그마저도 완벽해야 했다. 일에서도 대충은 없었다. 빠르고 정확한 일 처리를 위해 야근을 밥 먹듯 했고, 말단 직원 주제에 과하다 싶을 정도로 맡은 일에는 책임감을 느꼈다. 달랑 하루 가는 휴가를 앞두고도 걱정하는 날 보며, 오죽하면 팀장님이 별일 없을 거라고 나를 위로했을까.

토익 점수가 있으면 승진 가산점이 있다는 사실을 알고 주말에는 토익 학원에 다녔다. 별로 높지 않은 점수만 넘으면 되었지만, 더 높은 점수를 받고 싶었다. 가산점을 더 주는 것도 아니고 달라질 것도 없지만 열심히 공부했다. 결국 커트라인도 훌쩍 넘겨 꽤 높은 점수를 받았다. 그 이후에도 해외에 나갈 것도 아니고, 업무에 필요도 없지만, 매일 같이 회화 공부를 하기도 했다. 한번 시작한 것은 잘해야 했고, 그 기준은 누가 정한 것이 아닌 스스로 정한 선을 넘어야 했다. 그 기준선이 물 샐 틈 없이 빡빡한 게 문제였지만.

승진하고 일에도 적응이 좀 될만한 연차가 될 때쯤, 대학원에 입학했다. 일과 공부를 병행하며, 학문적 열정과 무사 졸업이라는 목표로 시작했건만 어느새 목표는 전체 학기 4.5 만점의 성적을 받는 것이 되어 있었다. 과제도 시험도 악착같이 완벽을 추구했다. 밥 먹을 시간이 없을 땐 지하철을 환승하며 걷는 시간에 대충 단백질 바를 입안으로 욱여넣었다. 이외에도 일상이 좀 여유로워졌다 싶으면 자꾸만 새로운 일을 끌어들여 쉴 틈을 주지 않았다. 물론 이 와중에도 새로이 시작한 일들은 내가 정한 기준안에서 완벽히 해내야 했다. 이 모든 걸 성장이라고 여겼다. 목표를 성취하면 뿌듯했다. 스스로 열심히 살고 있다고 자부했다.

물론 그 모든 것들이 완벽하기 위해 몸도 마음도 갈아 넣었을 테지만, 공부도, 운동도, 일도, 결혼 후에는 각종 집안일까지, 모든 것을 잘하려 했다. 잘할 수 있다고 믿었고, 잘하고 있었다. 계속 성과를 내고, 앞으로만 나아갔으면 좋았으련만, 항상 시련은 존재했다. 혼자 기를 써도 부당하고 억울한 일은 넘쳐났다. 사람에게 상처받고, 늘 시간에 쫓겼으며 스스로는 물론이고 타인도 들볶았다. 그러다 가장 가까운 사람에게 상처를 주기도 했다.

액셀만 밟으며 쉼 없이 달려온 인생에서 결국 브레이크를 포함한 모든 것이 고장 났다. 우울증 진단, 돌발성 난청, 기저질환의 악화, 난임 판정까지. 그야말로 대환장 파티의 연속이었다. 몸과 마음이 기를 쓰고 신호를 보내고 있었다. 지금은 제발 쉬어야 한다고 말이다. 모든 것을 잘하고 싶었던 완벽주의 성향은 숨 쉴 때다 스스로를 옥죄었다. 현관문을 열고 집에 들어서면 방금 달려온 사람처럼 그도 아니면 하루 종일 숨을 참아온 사람처럼 숨을 몰아쉬는 날이 많아졌다. 몸도 마음도 망가진 후에야 잘못됐다는 걸 알았다. 그제야 간신히 브레이크가 눈에 들어왔다.

오늘도 좁은 피아노 방에 앉아 악보의 박자표는 가뿐히 무시한다. 악보를 한참 보다가 손이 늦게 튀어나오기도, 아는 부분은 자랑하기라도 하듯 빨리 나온다. 노다메와는 다른 의미로 치고 싶은 대로 친다. 일단 음표라도 정확하게 친다는 생각뿐이다. 재능은 고사하고, 노다메처럼 즐기면서 피아노를 칠 만큼 좋아하지도 않는다. 좋아하는 곡을 찾아 듣거나 꼭 치고 싶은 곡이

PART 2. 취미까지 잘할 필요가 있나요?

있다거나, 각종 클래식 연주회에 참석할 정도의 음악적 관심도 없는 편이다. 그런데 왜 몸도 마음도 휴식이 필요한 이 시기에 여기 앉아 있을까.

사실 내가 어릴 때 경험한 것 중 취미라고 할 수 있는 건 딱히 없다. 배운 악기라고는 피아노와 장구 정도였고, 영어, 수학 이외에 다녔던 학원은 컴퓨터, 일어, 수영 정도였다. 그중에서 제일 못했던 것, 재능도 없고, 끈기도 없어 아무 성과 없이 여러 번 포기했던 것은 다름 아닌 피아노였다. 기대치도 없었고, 부담감도 없다. 물론 잘할 필요는 더더욱 없는 것, 모든 것을 잘하고 싶은 내 완벽주의 성향이 적용되지 않는 유일한 것, 피아노는 어린 시절부터 스스로 못하는 걸 누구보다도 잘 알기에 잘하는 게 이상할 정도로 뼛속 깊이 각인되었다. 그래서 시작할 때도 끝날 때도 마음의 부담이 없는 이상하고도 신기한 존재였다. 내가 못 하는 게 당연한, 그러면서도 전혀 새로운 것이 아닌 취미가 필요했다. 끊임없이 잘해야 하고, 들볶는 나를 피해 피아노와 악보 속으로 숨어버렸다. 일주일에 한 번씩 숨었다. 그렇지 않으면 공식적으로 쉬라고 주어진 휴직 기간에도 잘해야만 하는 것을 찾고, 찾다 또다시 멈춰버릴 것 같았다.

피아노를 시작할 때 만해도 금방 그만둘 줄 알았다. 나중에 알게 된 사실이지만, 학원 선생님도 같은 생각이었다고 한다. 그런데 피아노를 1년 반째, 꾸준히 치고 있다. 지금은 어린 시절에 계속 그만두었던 화려한 과거(?)가 무색할 정도로 꽤 성실한 편이다. 일주일에 여러 번도 아닌 딱 한 번 치러 갈 정도로 열심히 하는 편은 아니지만, 그래도 계속 치러 가는 것이 루틴이 되었다. 틀린 부분을 반복해서 치고, 또 친다. 그때만큼은 온전히 악보를 마주하고, 정확하게 치려는 과정을 반복한다. 그러다 피아노의 어떤 점이 날 계속 치게 하는지 문득 깨달았다.

피아노는 눈으로는 악보를 읽어야 하고, 손은 움직여 소리를 내야 하며, 귀로는 잘 들어야 한다. 그야말로 꽤 복잡하고 어려운 과정이다. 그래서 부모들이 어린 자녀들을 두뇌 향상에 도움이 될 거라고 그렇게 피아노 학원에 보내는 것이 아닐까. 물론 공부해야 할 시기에는 약속한 듯 그만두지만 말이다. 모두가 정확하게 제 역할을 해낼 때, 하나의 곡이 완성된다.

펌프를 알고 있는지 모르겠다. 2002년 월드컵 때 태어난 아이들이 성인이 된 지도 한참 지난 이 마당에 너무 노땅(?) 티 철철 나는 발언일지 모르겠으나, 1990년대에는 DDR이 잠깐 유행했다면, 2000년대에는 펌프의 시대였다. 오락실에 가장 큰 자리를 차지하고 있었고, 심지어 노래방에 펌프가 있는 곳도 있었다. 펌프는 5개 모양의 발판을 화면에 나오는 순서대로 노래에 맞춰 발로 눌러야 한다. 물론 난이도가 높아질수록 복잡해진다. 동시에 두 개를 눌러야 한다거나, 빨리 다른 모양을 바로 눌러야 하기도 한다. 마치 피아노에서 샵을 눌렀다가 플랫을 눌렀다가, 7도 차이의 음 두 개를 동시에 눌러야 하는 복잡한 과정을 이어서 해야 하는 것을 보면 펌프와 피아노는 묘하게 닮았다.

피아노 학원을 그만두고 다시 다니기를 반복했을 무렵, 내가 다니던 초등학교에 펌프 기계가 생겼다. 졸업생이자 학부모였던 학교 선배가 기증한 것이었다. 모둠별로 착한 일을 하면 형광색의 별 스티커를 붙여줬다. 그걸 어느 정도 모으면 착한 어린이 티켓으로 바꿔줬는데 그걸 펌프 옆에 있는 통에 넣으면 펌프를 할 수 있었다. 나는 기를 쓰고 그 티켓을 타려고 노력했고, 꽤 잘하는 편이어서 구경이 재밌던 친구들이 그냥 주기도 했다. 펌프의 인기가 좀 시들해질 무렵에는 그런 제한도 없어져서 그냥 마음껏 할 수 있게 되었다. 그 시절 나는 펌프에 빠져 있었고, 느리고 쉬운 곡들도, 빠르고 어려운 곡들도 하나씩 도장 깨기를 해나갔다.

아마 펌프가 피아노를 확실히 그만두게 된 계기가 되었을지도 모른다. 피아노 학원에 가지 않아도 학교에서 펌프를 하며 시간을 보냈다. 손으로 피아노의 건반을 누르지 않아도 발로 펌프를 누르면 되었다. 대체재가 생긴 것이다. 피아노를 잘 치지 못하는 나도 틀린 음은 확실히 느낀다. 악보에는 파에 샵(#)이 붙었다. 그냥 파를 치면 유독 튀는 소리가 난다. 틀렸다는 게 확연히 느껴진다. 펌프도 틀리면 발판과 연동된 화면에 'miss'(놓치다)가 뜬다. 계속 틀리면 중간에 화면이 '쿵'하고 닫히며, 게임은 종료된다. 그러지 않기 위해서는 누구보다 정확하고 빠르게 발을 움직여야 한다.

요새 배우는 반주 수업에서 코드를 배우고 있다. C코드는 도·미·솔, F코드는 도·파·라, G코드는 솔·시·레로 정해져 있다. 처음에는 어려웠지만, 왠지 손가락이 코드를 칠 때의 느낌이 펌프에 발판을 신나게 눌러대던 그때의 기분이 되살아나는 것 같다. 펌프는 전기세를 많이 잡아먹는다는 이유로 1년도 채 못가 학교에서 사라지게 되었지만, 성인이 되어서도 오락실 앞을 지나가면 방앗간을 기웃대는 참새처럼 펌프 기계를 지나치지 못했다. 나는 취미라고 이름 붙일만한 거라든가 즐겨 하는 게임이라든가 그런 게 없는 줄 알았는데 오랜만에 떠올린 펌프는 그나마 가장 비슷한 게 아니었을까.

요새는 오락실도 잘 찾아볼 수 없고, 펌프에서 열심히 뛰며 발판을 눌러대기엔 팔팔하던 어린 시절과 달리 숨이 차서 계속 뛸 수도 없다. (물론 유산소 운동의 효과는 확실할 것이지만!) 가만히 앉아서 치는 듯 보이는 피아노가 사실 발로는 페달을, 눈으로는 악보를, 손으로는 건반을, 귀로는 듣고 있다. 이 모든 복잡한 과정을 정확한 행위를 통해 결국 한 곡을 끝내는 것, 그래서 정적인 듯 보이나 사실은 동적인 피아노를 계속하는 것이 아닐까. 이번에는 피아노가 펌프의 대체재가 되었다. 비슷한 효과라면 아무래도 펌프보다는 피아노가 더 고상하고, 숨이 찰 필요도 없는 취미가 아닌가.

펌프와 피아노를 하는 동안은 다른 생각은 허용하지 않는다는 점도 닮았다. '엄마가 집에 언제 오라고 했더라. 오늘 같은 반 남자애가 나를 괴롭혔지.' 등의 딴생각을 하며, 화면에 뜬 모양을 발로 누르지 않는다면? 여지없이 놓쳤다는 'miss'가 화면을 뒤덮고, 'Game Over' 문구가 화면에 둥둥 떠다닐 뿐이다. 피아노도 악보를 보고 손가락을 움직인다. 맞게 치는지에만 집중하다 보니 현실의 걱정, 불안, 자책 등을 생각할 겨를이 없다. 음악에 몰두하다 보면 머릿속에 잡념이 비집고 들어올 자리가 잠시 사라지는 것이다.

하고 있으면 나도 시간도 순삭된다, 그래서 좋다. 모순적으로 머리는 쓰지만, 생각은 쉬는 시간이다. 숨 막히듯 달려온 인생에서 피아노는 성과의 압박이나 마음의 부담이 없는 내가 최초로 찾은 합법적인 휴식처이자, 온전히 집중할 수 있고, 말 그대로 잘할 필요가 없는 순수한 의미의 취미가 된 것이다.

PART 2. 취미까지 잘할 필요가 있나요?

04 순서 중독자의 떡 만들기

"여러분~ 오늘은 카네이션 떡케이크를 만들 거예요~ 장식용 절편 꽃을 만들기 전에 먼저 떡케이크를 만들게요. 백설기로 만들 거예요. 멥쌀가루에 물을 섞고, 체에 두 번 정도 내려주세요. 그리고 나서 설탕을 섞으셔야 해요. 다들 부모님께 선물하시면 좋아하실 거예요~"

요새 떡케이크가 유행이다. 특히 부모님이나 조부모님, 시댁 어른들 선물용으로 인기가 좋다. 내가 수강하는 떡 수업에서도 어버이날 시즌이 되어 떡케이크를 만들게 되었다. 보통 떡케이크는 백설기로 시트를 만들고, 앙금으로 화려한 꽃 모양을 만들어 장식하지만, 이번 수업에서는 색소를 넣은 절편으로 꽃을 만들어 장식하기로 했다.

떡을 배워본 사람이라면 하얀 백설기는 첫 시간에 만드는 그야말로 기본 중의 기본인 떡이다. 그리고, 생각보다 꽤 많은 양의 설탕이 들어간다. 그날따라 겸사겸사 어버이날에 선물해 볼까 하는 생각이 들어 부담감을 느꼈던 건지, 벌써 떡을 찌기 시작한 다른 사람들을 보고 조급한 마음이 들었던 건지, 백설기는 그동안 꽤 많이 만들어봤는데도 설탕을 빼고, 떡을 찜기에 넣어버렸다.

알아챘을 때는 이미 떡이 하얀 증기를 뿜어내며 쩌지고 있었다. 머릿속도 하얀 증기가 뒤덮었다. '어떡하지?' 그렇다고 중간에 뺄 수도 없었다. 꽃장식을 예쁘게 해서 완성하긴 했지만, 보기에만 예쁜, 맛없는 떡이 탄생하고야 말았다. 앙꼬 없는 찐빵이 이런 맛일까. 달지 않은 카네이션 떡케이크 사건으로 회자되는 이 얘기는 나의 실제 경험담이다.

이 사건을 토대로 본인의 성향을 알아볼 수 있는 간단하지만, 신빙성은 보장할 수 없는(?) 검사를 재미 삼아 만들어 보았다. 이름하여 '떡 만들기로 보는 당신의 성격 유형'이다. 여러분은 어떤 유형인가?

1. 떡을 왜 굳이. 애초에 만들 생각조차 안 한다. (가만히 있으면 중간은 간다형)
2. 다음부터는 설탕을 꼭 넣어야지! (자기반성형)
3. 어쩔 수 없지~ 설탕이나 꿀 찍어 먹으면 되지! (무한긍정형)
4. 난 이미 망했어. 내가 하는 일이 다 그렇지. (비관주의형)
5. 다시 만들면 되지. 할 수 있어! (열정충만형)
6. 그러니까, 떡은 역시 사서 먹어야 한다니까! (자본주의형)
7. 역시 순서가 중요해, 순서를 제대로 안 지키면 이렇게 망한다니까? (순서 중독자형)

주변 사람들은 1번 도는 6번이 압도적으로 많다. 앞부분부터 순서대로 읽은 독자라면 예상했을지도 모르지만, 나는 7번, 순서 중독자형이다. 내가 설탕을 빼고 단맛 없는 백설기를 만들었을 때 튀어나온 진짜 반응은 순서 찬양이었다. 언제부터 이런 취향이 되었는지 모르겠지만 어릴 때 모두 한 번쯤은 불러봤을 동요인 '씨앗'을 유난히 좋아했더랬다.

PART 2. 취미까지 잘할 필요가 있나요?

'씨 씨 씨를 뿌리고~ 꼭꼭 물을 주었죠~'로 시작하는 노래다. 씨를 뿌리고, 물을 주니 싹이 났다. 싹에 물을 주니 꽃이 피었다는 단순한 가사다. 그때는 몰랐지만, 지금은 대자연의 순리를 이렇게 표현했다는 게 심오하다고 느껴질 정도다. 그때부터였을까? 대부분에 사람이 그렇듯 나도 순서대로 발생하는 일에 안정감을 느낀다. 모든 일에는 순서가 있다고 하지만, 막상 돌아가는 현실을 보면 그렇지 않다. 뒤죽박죽 순서는 섞이고, 인과 관계가 불분명해 이해조차 되지 않는 일투성이다. 그래서 생각보다 순서대로 진행되는 일은 당연한 듯 보이지만, 의외로 만나기 어렵다.

그래서였을까. 꽤 긴 휴식이 주어졌을 때, 피아노와 같이 시작한 것이 바로 떡 만들기였다. 우연의 일치인지도 모른다. 피아노는 언젠가 다시 배워볼까 했고, 떡은 떡집 오픈런을 할 정도로 할매 입맛인 나에게 좋아하는 간식이기도 했다. 마침, 피아노 레슨과 떡 강좌 모두 수요일에 배우게 되었다. 백수, 아니 휴직자인 상황에서 꽤 바쁜 일정을 소화하면서도 딴은 수요일을 '힐링의 날'로 정하지 않았나 싶었다. 직장에 다닐 때는 한 주의 중간인 수요일이 제일 회사 가기 싫은 날이었기에 그 영향을 받았으려나.

떡 만드는 건 쉬운 일은 아니다. 그렇다고 꼭 어려운 일도 아니다. 어렵다기보다는 좀 번거로운 일이었다. 첫 수업에서 강사님은 앞으로 만들 떡의 레시피가 담긴 출력물을 나눠주었다. 무슨 재료가 들어가는지, 얼마나 들어가는지, 그리고 가장 중요한 만드는 순서가 담긴 자료였다. 1. 2. 3…… 순서대로 적힌 조리법을 보며 알 수 없는 설렘이 느껴졌다.

백설기는 멥쌀로, 인절미는 찹쌀로 만든다는 기본적인 내용도 있었고, 떡집에서 흔히 보는 무지개떡부터 요새 할매니얼로 인기를 떨치고 있는 약과와 양갱까지, 매주 온갖 떡과 한식 디저트를 섭렵했다. 무지개떡은 쌀가루와 소금을 넣고 물 주기를 한다. (물과 섞는 과정을 떡에서는 물주기라고 표현한다) 그리고, 체에 내리고, 설탕을 넣는다. 형형색색의 예쁜 색을 내기 위해 쑥이나 치자 등의 가루를 섞어 같은 과정을 반복하고, 물 솥 위에 올려진 찜기에서 떡을 찐다. 뜸을 들이고, 대추나 잣으로 장식하면 완성이다.

이렇게 말하니 복잡한가? 사실 하나씩 하면 그리 어렵지 않다. 쌀가루와 소금을 넣는다. 물과 섞는다. 이 과정이 끝나면 체에 거른다. 쑥 가루와 치자 가루를 각각 넣고 이 과정을 반복한다. 내가 지금 무엇을 하고 있는지 다음에는 뭘 하게 될지 명확한 순서가 있다. 복잡하고 어렵다기보다는 만들다 보면 이상한 안정감이 들었다. 시키는 대로 집중하다 보면 어느새 떡은 완성되어 있다. 만드는 시간이 물리적으로 오래 걸리는 것이 사실이지만 결코 그 시간이 지루하다는 뜻은 아니다.

음악이나 피아노의 특별한 재능이 있는 사람이 아닌 보통의 사람은 바이엘이나 체르니를 거치지 않고 쇼팽이나 드뷔시의 곡을 치긴 어렵다. 흔히 말하는 피아노의 진도 순서대로 차근차근 치며, 조금씩 내공을 쌓는다. 처음에 도레미파솔라시도를 치는 것도 어려웠을지 모른다. 바이엘 1~2권을 끝내고, 점점 어려워지더라도 앞의 진도를 끝낸 덕에 어려운 3권에 대한 이해도는 한결 나아진다. 배웠던 것은 사라지지 않고, 내 안에 조금씩 쌓여간다.

중간에 포기하지 않는다면 마침내 대단하고 어려운 연주곡을 칠 수 있는 날은 올 것이다. 물론 그 과정이 힘들기도 하지만, 칠 수 있는 곡이 하나, 둘 늘어갈 때 작은 성취감도 소소한 덤으로 따라온다. 그 시작은 도레미파솔라시도를 치는 것부터 시작되는 것은 의심의 여지가 없으며, 이러한 행위의

PART 2. 취미까지 잘할 필요가 있나요?

저변에는 순서대로 하면 결국 한 곡을 치게 될 수 있을 거라는 '믿음'이 있다. 그 믿음이 마음에 안정감을 주고 있는 게 아닐까.

떡 만들기도 크게 다르지 않다. 순서대로 하기만 하면 완성된다. 그렇다면 이 과정이 과연 단순노동과 뭐가 다른가 싶기도 하고, 어디서 재미나 의미를 찾을 수 있을까 생각도 든다. 멍때리며 만들다 보면 여지없이 실수는 발생한다. 설탕을 빼고 쪄서 단맛 없는 떡이 될 수도 있고, 찌는 시간이 부족해 쌀가루가 덜 익은 떡이 나올지도 모른다. 앞 단계를 순서대로, 또 정확하고 충실히 이행하지 않으면 우리가 생각한 '떡'의 모습이 아닌 밥과 죽 어딘가의 형태가 나올지도 모를 일이다. 적어도 떡의 형태를 갖추기 위해서는 최선까지는 아니더라도 어느 정도의 집중력은 필요하다. 내가 이미 해놓은 과정 위에 새로 추가된 과정이 적절히 조화될 때, 비로소 떡의 모습이 갖춰진다.

하얀 백설기 위에 연두색, 노란색 떡이 층층이 쌓여 무지개떡이 된다. 백설기보다는 어렵지만 약간의 추가된 과정을 순서대로 반복했을 뿐인데 다른 떡이 완성되었다. 앞서 배웠던 것을 약간 활용하고, 반복하니 새로운 게 나왔다. 여기서 포인트는 순서대로 '하는 것'에 있다. 떡의 맛이나 비주얼이 영 별로여도, 버벅거리며 한 곡을 완성할지라도 그냥 순서대로 하는 과정에서 오는 작은 성취감, 하다 보니 뭐라도 완성되었다는 것의 기쁨을 느끼는 것이다. 팍팍한 세상 속, 생계가 달린 먹고 사는 일도 아닌데 그 정도에 충분히 만족해도 되지 않을까.

'혼밥, 혼술, 혼행'까지, 혼자 하는 것이 열풍인 시대라지만, 핸드폰은 사회와 나를 긴밀히 연결해 주는 존재이다. 물리적으로 혼자 있어도 온전히 혼자 있을 수 없다. 카카오톡, 인스타그램, 각종 포털 뉴스 등을 시도 때도 없이 확인하니 진정 혼자일 수 있겠는가. 앞서 말한 것들을 혼자 하는 것을 좋아하지 않는 사람도 꽤 많다. 가족, 친구, 애인과 취미와 여행 등을 함께 하는 게 즐겁다는 사람도 많다. 하지만, 나는 직장 생활을 할 때도 기회만 있으면 혼밥을 시도하고, 혼술을 사랑하는 진정한 (전) 프로술꾼(지금은 술을 끊었다.)으로써 혼자 있는 시간이 가장 좋은 사람 중 하나이다. 복잡한 듯 보이나 사실은 단순한 피아노와 떡 만들기가 나에게 마음의 안정을 주는 이유는 순서가 중요한 것들이기도 하지만 혼자 할 수 있기에 시작할 수 있었는지도 모른다.

물론 피아노 선생님과 떡 강사님이라는 조력자는 존재하지만, 내 행위의 변수가 될 만한 존재는 아니다. 치아키와 노다메처럼 두 대를 위한 피아노를 칠 것도 아니고, 오케스트라와 협연을 할 것도 아니다. 마음 안 맞는 누군가와 한 팀을 이뤄 떡 만들기 대회에 나가거나 같이 사업을 할 것도 아니다. 타인과 맞출 필요가 없다. 현실은 어떤가. 직장 상사의 말 한마디에 공들여 작성한 기획안이 종이 쪼가리가 되기도 하며, 오늘 점심 메뉴는 자의가 아닌 답정너 상사가 말한 해장 메뉴가 선택되는 것이 현실 아닌가. 피아노나 떡 만들기는 내가 변수가 되지 않는다면 문제가 될 만한 요소가 없다. 더불어 사는 세상이라 그런가? 생각보다 나만 잘하면 되는 일은 생각보다 많지 않다. 나는 그 세상에서 상처받은 사람 중 하나였으며, 현실에서는 좀처럼 만나기 어려운 이 조합이 퍽 위로가 되었다.

피아노를 배워 연주회를 열 능력도, 생각도 없다. 떡을 만들어 누군가에게 선물하거나 팔 생각도 없다. (어쩌다 선물한 카네이션 떡케이크도 선물할 의도는 없었다!) 그러니 잘할 필요도 없고, 욕심도 없다. 떡을 만든다고

PART 2. 취미까지 잘할 필요가 있나요?

할 때 주위 사람들에게 가장 많이 들었던 얘기는 "그냥 사 먹어!"였다. 평소 시간 낭비가 제일 싫다고 외치면서도 모순적이게 시간을 축내는 행동을 하는 날 보고 이해하기는 힘들었으리라.

엄청난 인기를 끌었다가 요새는 좀 시들해진 노래인 '밤양갱'이 아직도 여기저기서 들려온다. 팥은 언제나 맛있고, 거기에 밤이라니! 마트에 가면 5개 묶음이 3천 원 정도다. 심지어 세일할 때는 1+1로 10개도 주는 달디단 그 '밤양갱'을 직접 만든다. 그야말로 비효율적이고, 비생산적인 행동임을 머리로는 알지만, 팥앙금이 냄비 바닥에 눌어붙지 않도록 몇십 분째 팔이 아프도록 저어대고 있는 나를 발견한다. 주걱을 양손으로 번갈아 잡으며, 왜 굳이 이러고 있을까 생각하는 것도 잠시 이내 집중하며, 수업에서 배웠던 다음 순서를 생각하느라 머리도 바빠진다.

이대로 있다간 내 마음도 저 바닥에 눌어붙어 나중에는 철 수세미로 박박 씻어내도 살릴 수 없어 냄비 채 갖다 버려야 할지도 모른다. 그래서 발버둥 치고 있는 건 아닐까. 마침내 한 김 식히고 나면 맛보게 될 인생의 단맛을 기다리는 사람처럼. 그래서 피아노를 치고, 떡을 찐다고. 난장판이 되어버린 주방과 싱크대에 한가득 쌓인 설거짓거리와 맞바꾼 깨달음이었으려나.

05 시간 도둑은 누구였을까

"오늘 수요일이네. 뭐 나온대? 맛있는 거 나오겠지?"

하루 종일 학교에만 있는 중·고등학교 시절부터 공부 아닌 일을 한다는 것 빼고 크게 달라진 것 없는 직장 생활에서도 애타게 기다리는 건 바로 점심시간이다. 하루의 낙이자 그나마 긴 쉬는 시간이 아니던가. 식단표를 줄줄 꿰고 있는 친구는 어딜 가나 있고, 그건 바로 나였다. 친구들에게 자신만만하게 그날의 메인메뉴는 물론 반찬에 국까지 식단표를 줄줄 읊어주었다. 나의 수요일 사랑은 그때부터 시작된 것인지도 모르겠다. 일명 '수다날', 수요일은 다 먹는 날의 줄임말이다. 아마 교육청의 야심 찬 정책으로 당시 전국 대부분에 학교에서 시행하지 않았을까 싶다. 학생들의 잔반을 줄이려면 맛있는 메뉴가 나와야 한다. 그래서인지 수요일의 메뉴는 항상 남달랐다. 핫도그, 피자, 아이스 홍시 등. 나름 다른 요일과는 차별화된 신박한 메뉴들을 선보이는 날이었다. 적어도 수요일에는 시금치나 미역 초무침 같은 메뉴는 나오지 않는다는 뜻이기도 했다.

고등학교, 대학교를 거치며 7년간 기숙사에 살았다. 특히 고등학교 때는 삼시 세끼를 기숙사에서 먹었다. 남들보다 식단표의 3배 정도의 관심이 있었으려나. 2주에 한 번 보는 엄마와 전화 통화를 하면서 오늘 급식은 뭐가 나왔고, 내일 아침은 뭐가 나온다는 등의 시시콜콜한 얘기가 주된 주제였다. 엄마는 일주일 치 식단표를 줄줄 읊어내는 나를 보며, 여간 신기해했다.

그때만 해도 먹는 걸 좋아하는 성장기 청소년이라서 그도 아니면 공부만 하는 일상의 유일한 낙이 식사 시간이라 그런가 싶었다. 오늘 뭘 먹을지, 이번 주에는 뭘 먹을지 미리 아는 것은 순서 중독에서 파생된 전초 증상 같은 것이라는 걸 시간이 꽤 지나고 나서야 알았다. 먹는 것 이외에도 내 일상에 모든 것들을 '미리' 알아야 마음이 편한 사람이라는 사실을 말이다.

학창 시절에는 스터디 플래너에 오늘은 어떤 과목을 공부하고, 어떤 문제집을 풀고, 어디까지 강의를 들어야 하는지 적었다. 일할 때는 오늘은 무슨 일을 처리해야 하는지 업무 달력에 빼곡히 적곤 했다. 일을 쉬고 있는 지금도 매일 할 일과 한 일, 내일의 계획과 매 끼니 무엇을 먹었는지까지 '노션'이라는 프로그램으로 관리한다. 피아노를 치러 가서도 연습 과제와 주의 사항이 적힌 진도 카드를 펼쳐보며 연습을 시작하는 게 루틴이 되었다.

핸드폰과 연동된 달력 앱의 일정이 얼마나 빡빡하게 정리되어 있는지는 말할 것도 없다. 이 정도면 메모 중독이 아닌지 의심할 만도 하지만, 본질은 내 일상에서 내가 무엇을 할지 아는 것, 어떤 순서로 오늘 하루를 살아갈지 아는 것, 그걸 중심으로 움직일 때 안정감을 느낀다는 것이다. 뭘 먹게 될지 알 수 있는 식단표, 떡 만드는 순서가 담긴 레시피북, 피아노의 진도 카드가 나에게는 망망대해에서 나침반 역할을 하는 마음의 안정제인 것이다.

순서가 있다는 건 다음 순서도 있다는 말이다. 다음이 있다는 건 이미 전체의 계획이 있다는 뜻이며, 이번 순서가 지연되면 다음 순서도 밀리게 된다는 것을 의미한다. 피아노와 떡 만들기 같은 취미의 영역에서도 순서에 집착하는데 일상에서 순서의 위상은 실로 대단할 수밖에 없다. 그런 의미에서 순서 중독자에게 시간 강박은 어쩌면 자연스럽고도 당연한 현상일지 모른다. 이번 순서의 일을 시간 내에 처리해야 다음 순서의 차질이 없기에 순서 중독과 시간 강박은 언제나 같이 가는 것인지도 모른다.

그래서인지 시간에 대해 유독 엄격하다. 약속 시간에 밥 먹듯이 늦거나 미리 정한 약속을 당일에 취소하는 친구가 있다. 보통 3번 정도까지는 꽤 쿨한 척 넘어가지만, 그 이후로는 멀어진다. 여기서 포인트는 '자연스럽게'가 아닌 '의도적'으로 멀어진다는 것이다. 물론 갑자기 차가 막혔을 수도, 급한 일이 생겼을 수도 있다. 그런 특수한 상황은 물론 이해하지만, 습관적으로 늦는다던가 중요한 일이 있었는데 깜빡하고 같은 날로 중복 약속을 잡았다는 걸 알게 되면 마음속으로 선을 긋는다.

내 계획에 차질이 생겼다. 남들이 보면 그러려니 하며, 별일 아닌 듯 넘길 수 있는 사소한 일에 난 방송펑크 급의 스트레스를 느낀다. 그리고, 그 화살은 원인을 제공한 친구에게로 돌아간다. '왜 내 시간을 존중하지 않지? 기다리면서까지 만나고 싶지 않은데……' 그럴 때마다 선을 그어서인지 곁에 남아 있는 친구는 몇 안 되는 듯하지만, 그마저도 크게 개의치 않는다. 이유는 단순하다. 모두에게 시간은 중요하다. 다음 순서의 할 일이 항상 정해져 있는 나에게 그 중요성은 말할 것도 없다. 그들은 나에게 있어 소설 '모모'에 나오는 시간을 뺏어가는 시간 도둑처럼 느껴질 뿐이다.

직장생활도 크게 다르지 않다. 중요한 회의가 있는 날이었다. 회의가 끝나고 회의록을 비롯해 회의 결과를 정리하고, 보고서 작성 등 할 일이 많았다. 회의는 업무시간이지만 마무리는 퇴근 이후라는 걸 이미 여러 번 경험했다. 그날의 계획은 야근하면서 회의 결과 보고서를 마무리하겠다는 야심 찬 계획으로 아침에 집을 나왔던 터였다.

PART 2. 취미까지 잘할 필요가 있나요?

하지만, 변수는 언제나 존재한다. 예정된 회의 역시 정해진 안건 이외에 수많은 추가 검토 보고라는 일거리를 던져주며 끝이 났고, 무엇보다 수고했다며 번개 회식을 제안한 팀장님이 가장 큰 변수였다. 그 당시 우리 팀 팀원은 3명이었다. 그중에 난 막내이자 홍일점이었다. 3명 중 1명이 안 가면? 그 회식은 둘 뿐인데, 사실상 회식이라고 부르기도 민망할 정도가 아닌가.

동공 지진은 그때부터 시작되었다. 순서 중독자는 시간 강박 이외에도 정해진 순서의 차질이 생기면 불안, 초조의 감정이 극대화된다. 미리 일상의 순서와 계획을 세워놓고, 그것이 최선의 방향이라고 믿는 편이다. 주관이 뚜렷한 평소 성격과 계획은 무조건 완수해야 한다는 어마어마한 책임감까지 더해진 상황에 순서가 어긋나면 혼란은 시작된다. 적어도 이를 막기 위해선 순서와 계획에서만큼은 의사 표현을 확실히 하는 게 좋다는 걸 수년간의 경험으로 알았다.

"저는 오늘 이 결과 보고를 마무리해야 해서요. 참석이 어려울 것 같은데……." 이게 뭔 김새는 소리인가. 내 입으로 뱉고도 흠칫 놀랐다. 팀장님은 좋은 사람이었지만, 그날은 유난히 알코올이 고팠는지 내일 마무리하라며 한 번 더 회식을 권했다. '내일은 내일의 해가 뜬다. 아니, 내일은 또 내일의 할 일이 있다!'고 말하고 싶었으나 꾹 참았다. 대신 일이 다 끝나면 늦게라도 가겠다는 말을 유언처럼 남겼다. 결국 팀장님은 다른 직원과 조촐한 회식을 떠났다. 사실 둘은 개인적으로도 꽤 친했기에 남자들만의 친목 시간을 가지려고 한 건지 모른다고 합리화하며 야근을 시작했다.

야근이 길어질수록 팀장님과 팀원에게 미안한 마음이 커졌다. 튀는 행동으로 술자리에 안줏거리가 되고 싶지 않은 불안감이 더 컸는지도 모르겠다.

최대한 빨리 처리하고, 2차에는 합류해야겠다 싶었다. 하지만 거의 다 작성한 문서는 왜 항상 제대로 저장되지 않는가. 컴퓨터는 그걸 또 귀신같이 알고 멈춰버리다니! 저장 버튼을 뒤늦게 미친 듯이 눌러보지만, 마우스 커서는 꼼짝도 하지 않는다. 다운된 화면이 슬픈 결말을 말해주는 듯하다. 역시나 거의 마무리되었던 보고서는 저장이 되지 않았고, 여전히 1페이지에 머물러 있었다. 화를 낼 시간이 없다. 입은 닫고, 손을 분주히 움직여야 회식은 고사하고, 집에라도 간다. 오기와 광기로 보고서를 끝냈다. 시계를 보니 2차도 아닌 3차도 끝나 있을 시간이었다.

자꾸 변수가 생기는 이 상황이 불편하다. 회식이 갔어도 처리하지 못한 일들이 생각나 찝찝했을 것이지만, 분명 계획대로 하면서도 예상치 못한 변수는 생기고, 마음에 찝찝함은 여전하다. 뭘 선택해도 마음이 불편하기는 매한가지이니 고민될 때는 원래 계획대로 하자는 게 어느새 인생의 모토가 되어버렸다. 혼자 있자간, 더욱 격렬하게 혼자 있고 싶다. 물리적으로 혼자 있는 것 이외에도 순서의 변수가 되는 것은 아무것도 없는 스스로 완전히 제어할 수 있는 온전한 '혼자'를 외친다. 정해진 순서의 차질을 주는 외부의 모든 것들을 시간 도둑이라고 철석같이 믿으며 살아온 날들이었다.

어두운 사무실을 나오며, 정말 그들이 시간 도둑일까 생각했다. 내 계획만 차질 없이 진행하려 한 마음속의 이기심과 조급함이 그들을 시간 도둑으로 만든 건 아닐까. 분명 계획대로 살았다. 시간을 아끼며, 효율적으로 살았다. 주말의 브런치 타임도 인색하게 굴며 효율성의 잣대를 들이대곤 했다. 아낀 시간으로 가족과 즐거운 식사를 한 것도, 얘기가 잘 통하는 친구와 커피 한잔을 한 것도 아니다. 가족들보다 더 많은 시간을 보내며, 같이 고생한 동료들과 회포를 풀며 갖는 치맥 타임에도 인색하긴 마찬가지였다. 내 계

PART 2. 취미까지 잘할 필요가 있나요?

획에 그들의 자리는 없었고 아낀 시간은 은행의 복리 이자처럼 불어나는 게 아닌 폭락 장의 주식처럼 눈먼 돈이 되어 사라졌다.

처음부터 이런 삶을 꿈꾸진 않았을 것이다. 먹고 살기 위해 일을 하지만, 소중한 사람들과 함께할 시간을 위해 순서를 철저히 지키고 치열하게 살아온 것 아니었나. 열심히 사는 다른 이들과 마찬가지로, 과연 얻은 게 뭘까 생각하니 머리는 컴퓨터가 다운된 듯 멈춰버렸다. 연차도 꽤 차고 일도 늘었지만, 현실에선 만날 친구는 점점 줄고 사회생활은 좀처럼 늘지 않는 외로운 부적응자만이 어두운 사무실을 지킬 뿐이었다. 말만 들어도 설레는 휴식이 주어질 땐 어떨까. 여행 계획을 세울 때면 남편이 항상 자주 하는 말이 있다.

"여행은 원래 계획대로 안 돼. 너무 빡빡하게 세워도 소용없을걸?"

여행 고수의 향기를 폴폴 풍기며, 조언처럼 들리는 이 말에 늘 분노하지만, 사실인 것은 부인할 수가 없다. 유럽 여행을 갈 때도, 국내 여행을 갈 때도 항상 계획대로 되지 않는다. 이번에는 제발 숙소와 투어 정도만 예약할까 하고 시작한 계획도 마지막이 되면 엑셀에 날짜와 시간대별 일정이 빈칸 없이 꽉꽉 들어 차 있다. '말도 잘 안 통하는 동네이기도 하고, 돈과 시간을 잔뜩 써서 가는 여행이니까. 이 정도 준비는 해야지!'라는 합리화로 항상 마무리된다.

모순되게도 여행이 끝난 후 가장 기억에 남는 것은 엑셀 칸을 빼곡히 채운 유명 맛집과 관광지가 아닌, 우연히 축구를 보러 들어간 현지 느낌 물씬 나는 펍과 거기서 먹은 버거와 야경이었다는 걸 부정할 순 없다. 그야말로

뼛속까지 순서에 중독된 내게 "왜 그렇게 피곤하게 살아?"라며, 주위 사람들이 종종 묻는다. 나는 답한다. "이렇게 살지 않는 게 더 피곤하지 않아?" 이내 텅 빈 성을 지키는 기사가 된 듯 꿋꿋이 다음 순서만을 살피는 고집쟁이의 외침으로 들리는 건 기분 탓이리라.

06 치는 사람에서 쓰는 사람으로

"아까 그렇게 말했어야 했는데! 왜 이제 생각나는 거지?"
어두운 방 안에서 혼자만의 싸움을 한다. 계속 뒤척대는 통에 머리는 산발이 되었고, 억울한 표정으로 침대에 누워 애꿎은 이불만 발로 찰 뿐이다. 새벽까지 통 잠을 이루지 못한 채 날이 밝아온다.

종종 싸운다. 몸이 아닌 말로. '말 한마디로 천 냥 빚을 갚는다.'는 말도 있지만, 말로 누군가를 불을 뿜는 용처럼 화나게 만들 수도 있고, 내가 그 용이 되는 일도 많다. 살다 보면 타인과 말로 언쟁을 하거나 억울한 상황을 종종 마주하게 된다. 감정의 파도가 물밀듯이 밀려와 언어 능력을 앗아가는 걸까. 화가 나거나 당황해서 한국말인데도 제대로 되받아치지 못한 경험은 많았다. 집에 가서 자려고 누웠는데 방금 싸운 것처럼 분한 마음을 좀처럼 삭이지 못하고, 하고 싶은 말들이 화수분처럼 떠오른 경험은 셀 수도 없다.

그런 일이 몇 번 있다 보니, 나름의 노하우가 생겼다. 일단 듣는다. 물론 듣는 도중에 도저히 화가나 참을 수가 없을 땐 몇 마디 한다. 그래도 최대한 꾹 참아본다. 그리고, 상황을 벗어나서 쓴다. 행운의 편지도 고소장도 아니다. 다툼이 있던 상대에게 내 상황을 설명할 때도 있고, 오해의 소지가 있는 부분은 해명하기도 한다. 또는 상대의 어떤 점 때문에 지금 화가 나고, 힘든 상황인지 알아달라는 내용이 될 때도 있었다. 글로 쓰니, 이 상황에서 왜 화가 났고, 억울했는지, 그 사람의 어떤 말에 상처받았는지, 어떤 부분에 오해가 있었는지 더 잘 보였다. 나름 심각하게 고민해 쓰고, 고치고 또 고친 긴 내용의 글을 메신저나 문자로 보낸다. 생각보다 시간도, 에너지도 많이 드는 일이다.

물론 내가 잘못했을 때도 이 방법을 쓰지만, 상대방이 잘못했을 때도 마찬가지다. 말 지적은 돋색적인 비난이나 공격이 되어 나중에는 감정싸움으로 번진다. 말이 꼬리에 꼬리를 물고 본질을 흐리는 경우도 많다. 말로 하면 격앙된 상태라 보이지 않았을 부분을 글로 다시 써 보니 더 객관적이고, 성숙한 표현으로 전달할 수 있었다. 물론 악플러처럼 비난만 한다면 더 화를 돋울 것이지만.

싸우고, 미련 없이 뒤돌아서서 다시는 안 볼 사람처럼 가버리면 그만이다. '타인은 나를 오해할 권리가 있고, 나는 그걸 해명할 의무가 없다.'라는 유명한 말이 있지만, 난 상대에게 해명하고 싶다. 그것도 아주 격렬하게. 오해하게 두는 걸 참지 못하는 성격 탓이려나. 이러한 행위의 저변에는 상대와 불편한 감정을 풀고, 관계를 계속 유지하고 싶다는 게 전제가 된다. 주위 사람 대부분은 내가 보낸 장문의 메시지를 받으면 "그래도 난 너를 이해하지 못하겠어."라는 반응은 거의 없다. 대부분 수긍하고, 납득한다. 시간이 걸릴지라도 화해하는 결말을 맞게 된다.

일할 때도 전화보다는 메일이나 메신저 등의 글이 매개체인 수단이 더 편하다. 음식 주문도 전화 없이 앱으로 하는 것이 당연한 시대라 그런가. 최대한 감정을 배제하고, 객관적인 사실만을 전달할 수 있어 업무 요청이나 지적 사항 등 껄끄러운 내용을 전달해야 할 때도 글이 유용하다. 통화하면 불필요한 상대방의 짜증이나 화 등의 감정이 고스란히 느껴져 불편했다. 말수

PART 2. 취미까지 잘할 필요가 있나요?

가 없다는 얘기를 꽤 많이 듣는 편이었으나, 그럼에도 주위에서 할 말은 하는 주관이 뚜렷한 사람으로 인식되는 이유는 나름 논리적으로 써서 보낸 글의 힘이 꽤 컸으리라고 본다.

물론 이런 행동이 모든 사람에게 적용되는 것은 아니다. 한번 보고 만날 일이 없는 사이라던가 못 알아들을 것 같은 상대에게는 오히려 쓰는 노력을 들이지 않는다. 다만, 혼자 보는 일기장에 푸념의 형태로 쏟아낼 뿐이다. 어느 순간부터 말보다 글이 더 편해졌다. 껄끄러운 상황이나 관계를 글로 풀어내는 것뿐 아니라 일상에서도 글쓰기는 점점 더 많은 부분을 차지하기 시작했다. 혼자 쓰는 걸 넘어 공개적인 플랫폼에 일상을 쓰고, 사적인 얘기가 가득 담긴 글을 책으로 냈다. 단순히 말보다는 글이 편한 내성적인 사람이라기엔 시간과 노력을 꽤 많이 들이고 있는 듯하다.

가까운 사람에게도 할 수 없는 얘기들이 있다. 그렇다고 공감과 위로가 필요하지 않은 건 아니다. '힘들다. 위로받고 싶다'는 생각이 마음 깊이 자리하고 있다. 누구보다 세상과 소통하고 싶지만, 아는 방법이 쓰는 것뿐이라 매주 쓰고 올린다. 얼굴도 모르는 독자의 '좋아요'와 댓글을 기다리기도 한다. 늘어나는 조회 수를 보며 누가 내 글을 읽었다는 사실만으로도 왠지 모를 위로가 되기도 한다. 어느 순간 글은 불편한 상대나 모르는 사람에게까지 마음을 전하는 수단이 되었다. 실제로 글로 세상과 만난다. 오늘도 방구석에서 누군가와의 소통을 위해 키보드를 열심히, 또 성실히 두드린다.

피아노를 치거나 떡을 만들 때, 순서 하나씩을 완수하는 것에서 느끼는 작은 성취도 좋지만, 최종 목표는 한 곡을 치고, 떡이라는 결과물을 만드는 것이다. 시도 기-승-전-결이 있고, 글도 서론-본론-결론이 있듯 나름의 순서가 있다. 결국 내가 어디쯤 와있는지 계속 확인하는 과정을 거치며, 다음 순서를 염두하고 글을 써야 한다. 순서대로 하는 일에 안정감을 느끼듯 이 글에서 뭘 말하고 싶은지 생각하고, 순서대로 풀어내며 글을 완성하는 것은 어느새 마음의 안정감을 주는 또 다른 취미가 된 것이다. 잘 썼는지 못 썼는지는 평가할 처지도 평가받을 실력도 아니다. 다만, 마음을 풀어제낀다는 생각으로, 손에 모터 단 듯 그저 솔직하게 쓸 뿐이다.

피아노와 글쓰기는 비슷하면서도 묘하게 다르다. 피아노는 현실의 '나'보다는 '음악'에 더 몰두하며 잡념이 사라지게 해준다. 글쓰기는 나를 정면으로 마주하는 느낌이다. 우물 안에 내가 있고, 그걸 위에서 쳐다보는 또 다른 내가 글을 쓰는 느낌이랄까. 지독한 자기 객관화의 과정이라 쓰다 보면 눈물을 쏟기도 한다. 피아노는 내 연주가 감동할 실력은 아니라 눈물까지 나오지진 않았을지도. 저마다 바쁜 평일 오전, 좁은 방에서 '반짝반짝 작은 별'을 친다. 3개월째. 여전히 버벅대지만 전보다는 훨씬 듣기가 좋다. 나아지고 있다. 목표도 없고, 연습의 부담도 없는데 분명 조금씩 나아지고 있다. 이상하고도, 신기한 일이다.

가장 힘든 시기, 휴식이 필요했다. 몸의 휴식도 필요하지만, 생각을 쉴 수 있는 무언가가 필요했다. 조건은 간단했다. 잘하지 않아도 마음이 편할 것, 시간을 낭비 없이 보냈다는 느낌이 들 것. 지금까지 배웠던 것 중 가장 못한 피아노를 골랐다. 1년 반이 지났다. 여전히 뛰어난 재능은 보이지 않지만 그만두지도 않았다. 계속 친다. 그냥 친다. 생각 없이 친다.

피아노를 칠 때 실력이 형편 없는 나와 만난다. 이상하게 화가 나거나 마음이 조급하지 않다. 모든 걸 잘해야 한다고 강요하는 삶 속에서 살았다. 그

PART 2. 취미까지 잘할 필요가 있나요?

건 세상이 만들기도 했지만, 제일 앞장선 사람은 바로 나였다. 꼭 무언가를 잘해야만 행복한 줄 알았다. 그런데 전혀 행복하지 않았다. 그렇다고 지금 행복하냐고 물으면 행복하다고 자신 있게 말할 순 없지만, 그 전보다는 행복하다고 말할 수 있을 것이다. 못해도 되는 나를 그냥 인정해 버리는 시간, 마음이 편하다. 그 시간이 좋다. 오늘도 나는 피아노를 치러 간다.

PART 3 ———

,

책을 읽으면
밥이 나오나요?

이세희

이름 석 자,
부끄럽지 않으려고 열심히 살았다.

어느 날 문득
이름이 사라지고 있다는 사실에
충격을 받았다.
그래서 나 자신을 위해 살기 시작했다.
다시 찾은 이름,
이제는 그 이름에
색을 채우기 위해 노력 중이다.

https://blog.naver.com/braneon_lee

프롤로그

얼마 전 귀한 손님들이 우리 가족을 찾아왔다. 결혼 후 미국에서 살 때 이웃으로 지냈던 가족이 한국을 방문하면서 반가운 해후를 하게 되었다. 13년 전 미국을 떠나면서 다시는 못 만날 줄 알았는데 꿈같은 일이 벌어졌다. 그들은 한국인 입양아 가족이다. 아이가 없던 그 부부는 한국인 아이를 입양하게 되었고, 어떻게 인연이 되어 내가 그 아이의 베이비시터를 하게 되었다. 아무래도 아이에게 고향을 알려주고픈 부모들의 배려였으리라.

나는 일주일에 두 번 그 집을 방문할 때 나름대로 아이가 좋아할 만한 한국 간식을 준비해서 가곤 했다. 특히 그 아이는 조미김에 싼 하얀 밥을 '맘마'라 부르며 참 좋아했다. 이제는 고등학생이 된 아이가 아직도 조미김을 즐겨 먹는 모습에 그때 추억들이 하나둘 떠올랐다. 그 부부는 내 선망의 대상이었다. 사람을 대할 때 여유가 있었고, 배려심이 깊었으며 지혜롭고 당당했던 모습은 국적과 인종을 떠나 존경할 만한 사람들이었다. 지금 생각하면 참 어리숙했던 30대 후반의 내가 유창하지 않은 영어로 말할 때, 그들은 늘 부드러운 웃음으로 내 말을 들어주고 공감하고 위로해 주었다. 미국을 떠날 때 그들과 헤어짐이 무엇보다 아쉬워 참 많이도 울었는데…….

그런 그들과 다시 만나게 되니 그 기쁨은 이루 말할 수 없었다. 얼마 전에 헤어졌던 사람들처럼 어색하지 않았고 편했다. 그러다 새삼 그 동갑내기 부부가 나보다 12살이 많다는 사실이 떠올랐다. 그렇다면 13년 전의 그들의 나이가 바로 지금의 내 나이라는 생각에 그때 그들의 모습이 소환됐다. 마치 시공간을 뛰어넘은 것처럼 13년 전 그들의 모습과 지금의 내 모습을 나란히 놓고 비교하다 보니 오묘한 기분이 들었다. 과연 지금의 나는 13년 전의 그들처럼 멋진 모습일까?

다행히 그 질문의 답은 긍정적이다. 동시에 이제 막 50대에 들어선 지금의 내 나이가 참으로 아름다운 시기라는 것도 깨닫게 되었다. 13년 전의 그들처럼 지금의 나도 멋진 모습이라고 생각하게 된 자신감은 어디서 오는 걸까? 단순히 나이가 들면서 경험에서 나오는 여유로움 때문은 아니다. 그것은 누구보다 바쁘게 보낸 지난 10년의 세월 덕분이다.

지난 10년은 내 인생에서 가장 열심히 살았던 날들이었다. 지금보다 나은 나를 위해 내게 주어진 시간을 헛되이 보내고 싶지 않았다. 그런 갈망에 집안일, 육아, 독서, 운동 그리고 일까지 맹렬히 해치워 갔다. 여기 쓴 글들은 그런 내 시간의 기록들이다. 이번 책을 쓰면서 나는 치열했던 지난 10년을 되돌아보고 정리할 수 있게 됐다. 그리고 새로운 10년을 위해 다시 발걸음을 뗄 용기가 생겼다. 10년 후 나는 어떤 모습일까? 하는 설렘과 함께.

시간은 흐르기 마련이고 그 시간을 채우는 것은 오로지 내 몫이다. 그것을 이제라도 알아서 참 다행이다.

01 철을 만드는 학문

나는 X세대로, 대졸 여자들이 활발하게 사회 진출을 시작하던 그때 IMF라는 두터운 장벽을 뚫고 취직했다.

커리어우먼으로 화려하게 살면서 여느 직장인들처럼 언젠가 시원스럽게 사표를 낼 날도 그려왔다. 그리고 그날은 직장생활 10년 만에 찾아왔다. 결혼과 더불어 외국 생활을 하게 되었기 때문이다. 퇴사 후 제2의 인생을 시작할 마음에 설레었다. 그것이 바로 '경력 단절'이라는 꼬리표를 달게 되는 시작인 것도 모른 채. 그리고 예상하지 못한 것이 또 하나 있었다. 그것은 생각보다 길어진 나의 육아 기간이다.

첫째를 낳고 귀국한 후 둘째가 생겼고, 둘째가 돌을 지날 무렵, 다시 일을 하고 싶어서 여기저기 기웃거렸다. 그러나 현실은 녹록하지 않았다. 남편과 나는 결혼이 늦은 관계로 양쪽 집안 어른들에게 아이를 맡기고 일을 나갈 여건은 못됐다. 직장을 나가기 위해 아이 돌보미를 고용하자니, 그러면 나의 수입은 돌보미의 월급보다 많아야 한다는 계산이 섰다.

게다가 당시 살던 지역에는 어린이집이 많지 않아 늘 대기가 꽉 차 있어 가정 보육을 해야 했다. 재취업은 물론 시간당 아르바이트 자리를 찾기에도 한계가 있었다. 세상에는 아이가 둘 있는 경력 단절 여성이 일을 하기 위해서는 많은 걸림돌이 있었다. 설상가상으로 계획하지도 않은 셋째가 덜컥 들어섰다. 마음이 독했더라며, 조금만 더 윤리에 밝았더라면 모르겠지만, 우리 부부는 주어진 생명을 감사히 받기로 했다. 그렇게 나의 육아 기간은 더 늘어났다.

고스란히 아이 셋을 돌봐야 하는 '독박육아'가 시작됐다. (개인적으로 독박육아라는 말을 싫어한다. 차라리 '독립육아'라 부르고 싶다). 첫째는 입학 후 3일 만에 혼자서 등교하기 시작했다. 어린이집에 가는 둘째와 갓난쟁이 셋째까지 있는 처지에 다른 엄마들처럼 큰애를 매일 같이 학교를 데려다주고 데리고 오기에는 역부족이었다. 커다란 책가방을 메고 친구와 같이 언덕길을 올라가는 첫째의 모습에서 윤종신의 오르막길 노래가 떠올랐다.

"이제부터 웃음기 사라질 거야. 가파른 이 길을 좀 봐."
그러나 웃음기는 내 얼굴에서 먼저 사라졌다.

두 아이가 학교와 어린이집에 가면 나는 갓난쟁이 셋째를 눕혀 놓고 밀린 집안일을 했다. 아침 설거지, 빨래, 청소 그리고 같이 낮잠. 그 낮잠은 전혀 달콤하지 않았다. 잠에 취한 것처럼 두세 시간을 자고 일어나면 두 아이가 올 시간이었다. 그때 기분이란, 마치 도둑에게 내 시간을 빼앗긴 찝찝한 기분이었다. 감기약의 부작용이었는지 잠을 못 자 우울감에 넋이 나간 채 유모차를 끌고 걸어 다닌 적도 있었다. 대상포진에 걸려 셋째의 모유 수유를 중단하기도 했다. 그런 시간이 조금씩 조금씩 나를 잠식해 갔다. 매일 밤 모두가 잠든 후면 나는 이렇게 살고 싶지 않다고 속으로 울부짖었다.

어디선가 벗어나고 싶다는 마음이 드는 것은 어쩌면 그곳을 벗어나기 위해 출구를 찾는 중일지도 모른다. 무기력한 날이 반복되는 중에도 내가 아

PART 3. 책을 읽으면 밥이 나오나요?

이들을 위해 하던 일은 아파트 도서관에 가는 것이었다. 셋째가 생기면서 이사 온 아파트 단지에는 입주민을 위한 작은 도서관이 있다. 도서관 위치가 어린이집과 놀이터 옆이다 보니 아이들과 자연스럽게 도서관에 들르는 것이 일과 중의 하나였다.

그날도 여지없이 도서관에서 아이들에게 책을 읽어주고 있었다. 그리고 고개를 들어 도서관 안을 둘러보는데 밝게 비추는 오후 햇살에 가지런히 꽂혀있는 책들이 그날따라 더 선명하게 다가왔다. 나는 당시에 초1이었던 첫째에게 이런 말을 했던 것 같다.

"너는 참 좋겠다. 이렇게 좋은 분위기에서 책을 읽을 수 있어서."

아이에게 그 말을 해놓고 나니, 내 안에서 작은 욕망이 꿈틀거렸다. 나도 이곳에 오고 싶다. 나도 이 분위기를 누리고 싶다는 욕망이었다. 그날 이후 나는 막내의 낮잠 시간에 유모차를 끌고 도서관으로 갔다. 책을 읽다가 졸리면 책상에 엎드려 쪽잠을 잤다. 그렇게라도 내 생활에 변화를 주어야 할 만큼 난 절박했다.

독서도 습관이고 훈련이다. 당시 한국인이 독서에 할애하는 시간은 하루 평균 6분이었고, 나는 그보다 훨씬 못 미치는 수준이었으니 책이 잘 읽힐 리가 만무하다. 처음에는 어떻게든 책을 읽고 앉아 있는 시간을 늘리는 것이 목표였다. 그래서 나름대로 생각한 것이 청소년 문학 권장 도서를 읽는 것이었다. 학창 시절에 읽어 봤으니 대충 아는 내용일 테고, 그러면 책을 들고 앉아 있을 수는 있겠지. 그렇게 매일 같이 도서관을 다녔다. 유모차에 누워 있던 아이가 도서관을 기어다니기 시작하고, 책장을 짚고 일어서고, 아장아장 걸어 다니며 동화책을 들쳐 보고. 그렇게 아이가 커 가는 동안 내가 읽은 책의 권수도 나날이 늘어났다.

이때부터 일상은 책을 읽기 위한 시간 확보를 위해 재배치되었다. 아이들이 학교와 어린이집에 가 있는 동안은 철저히 내 시간으로 만들어야 했다. 먼저, 아이들을 모두 보낸 후, 허전한 마음을 커피와 함께 수다로 스트레스를 풀었던 시간을 줄였다. 집에 들어오면 집안일을 하게 되니, 도서관이나 카페로 나가 무작정 책을 읽었다. 처음에는 집안일을 먼저 하고 책을 읽으려고 했다.

하지만 눈에 보이는 집안일을 무시할 수가 없어 계속하게 되고, 그러다 보면 몸이 지쳐 책을 읽는 시간을 내기가 쉽지 않았다. 그래서 먼저 책을 읽은 후 가사를 하는 것으로 순서를 바꿨더니, 의외로 같은 집안일도 더 짧은 시간에 해치울 수 있었다. 내가 하고 싶은 일을 했다는 만족감이 집중력이 생기게 만들어 다른 일을 쉽게 처리할 수 있는 것이다. 나는 이때의 습관을 지금까지도 유지하려고 노력하고 있다. 시간을 정해놓고 되도록 그 시간 안에 집안일을 처리하려고 한다. 일을 하다가 시간이 초과가 되면 계획했던 것 중의 몇 가지는 뒤로 미룬다. 육아와 집안일, 그리고 독서, 세 마리의 토끼는 모두 잡을 수 없다. 그렇다고 독서 때문에 다른 일들이 뒷전이어서도 안 되기 때문에 시간 안배가 무엇보다 중요하다.

내가 독서를 시작한 가장 큰 이유는 내가 살기 위해서였다. 그리고 또 다른 이유는 내가 세 아이 엄마이기 때문이기도 하다. 아이가 둘에서 셋이 된다는 것은 단순히 둘 더하기 하나에서 셋이 되는 것이 아니다. 셋에서 플러스알파가 되는 일이다.

PART 3. 책을 읽으면 밥이 나오나요?

옛이야기 선녀와 나무꾼에서 사슴이 나무꾼에게 아이가 셋이 될 때까지 선녀에게 옷을 주지 말라고 당부한다. 나무꾼이 사슴의 당부를 가볍게 여기고 선녀에게 옷을 주자, 선녀는 두 아이를 안고서 하늘로 올라갔다는 이야기는 흘러들어서는 안 되는 대목이다. 아이가 둘이면 양손에 아이 하나씩 손을 잡고 다닐 수 있지만, 아이가 셋이면 한 아이는 내 손을 잡을 수 없다. 물론 남편과 같이 잡으면 되지 않냐고 할 수도 있지만, 그만큼 아이가 둘 이상 된다는 것은 부모에게 큰 부담이다. 특히 우리나라처럼 사교육비가 많이 들어가는 나라에서 세 아이를 키운다는 건 어찌 보면 계산적이지 못한 선택일 수도 있다.

이런 상황에서 어떻게 세 아이를 뒷바라지할지 고민 끝에 내가 생각한 것은 나 자신을 채우자는 것이었다. 엄마인 나를 채워 놓고 아이가 원하는 것이 있으면 그것을 내 속에서 끄집어내는 방법이다. 내가 안목을 높여 놓아야 아이들이 그때그때 필요로 하는 것들을 찾아주겠다는 마음이었다. 엄마가 책을 읽으면 아이들에게 순(順)영향을 줄 것이란 믿음이 있었다. 그리고 그 효능감은 생각지도 못하게 찾아왔다. 꼬꼬마 셋째가 막 초등학교에 입학한 지 얼마되지 않아서다. 저녁 준비로 바쁜 나에게 아이가 진지하게 물어봤다.

"엄마, 철은 어떻게 만들어?"
"철? 흙을 파서 그중에 철이 되는 걸 골라서 만들어. (석기시대, 청동기 시대, 그다음이 철기니깐 땅 파서 나오는 거 맞겠지?)"
"흙을 파면 그 안에 철이 있어?"
"땅에 철이 들어 있는 돌이 있어서 그걸로 만드는 거야. (그래, 철광석!)"
"돌에서 철이 나와?"

아이는 철 만드는 방법을 꼬리에 꼬리를 물고 계속 질문했다. 최대한 답하려고 했는데 어느 순간 적당한 대답이 떠오르지 않았다.

"미안, 엄마도 자세히는 모르겠네. 아무래도 찾아봐야겠다."

그랬더니 아이가 눈을 동그랗게 뜨고 말했다.

"그럼, 엄마. 철학은 철을 만드는 학문이야?"

그 질문이 너무나 귀여우면서도, 철학이란 단어를 아는 게 기특해 큰 웃음이 나왔다.

"철학이란 말은 어디서 배웠어?"
"저기, <아빠, 철학이 뭐예요?>라는 책이 있잖아."

그때 아이에게 철학이 무엇이라고 설명했는지 정확히 기억나지 않는다. 다만, 내가 독서를 잘 시작했구나 하고 확인하는 순간이었다. 책 제목만 보고도 저렇게 사유할 수 있고 궁금할 수 있다니 너무나 뿌듯했다. 그리고 내 책장을 둘러보았다. 사피엔스, 총균쇠, 코스모스, 사기열전, 삼국유사, 논어, 이기적인 유전자, 토지, 이방인, 니체, 박완서, 우시민 등등. 그리고 도서관에서 빌려다 읽은 수많은 책에 우리 아이들의 시선이 한 번이라도 머물렀다면 그것도 또한 엄마의 독서가 만들어 낸 영향력이 아닐까?

PART 3. 책을 읽으면 밥이 나오나요?

여담이라면, 〈아빠, 철학이 뭐예요?〉는 남편이 야심 차게 큰아이 열 살 때 사준 책이다. 그 책을 아이들이 읽었는지는 둘째치고, 막내가 제목을 보고 철학에 관심을 가졌으니 그 책값은 톡톡히 한 셈이다.

살기 위해 독서를 시작했지만, 재미가 없었다면 오래 유지되지 못했을 것이다. 사람마다 느끼는 독서의 즐거움이 각각 다를 수도 있다. 내가 느끼는 독서의 즐거움은 뻔한 이야기일 수도 있지만 다양한 인물들을 만나는 것에 있다. 현실에서는 절대 만날 것 같지 않거나, 교류를 피했을 인물을, 책을 읽다 보면 억지로라도 알아갈 수밖에 없다. 그렇게 알아가다 보면 등장인물에 공감하게 되고 가졌던 편견이 사라지고 그 인물이 가진 매력에 빠지게 되는 것이다. 대표적인 인물이 〈그리스인 조르바〉의 조르바이다.

조르바가 누구인가? 자유인의 대명사로 격정에 사로잡히면 바닷가의 자갈밭 위에서 춤을 추고, 도덕과 관습의 탈을 벗어 던지라고 소리치는 그런 사람이다. 단언컨대, 나는 조르바와 같은 사람을 살면서 만날 기회도 없었고, 만나더라도 같이 어울릴 수 없었을 것이다. 그는 정말로 나와 다른 사람이다. 나는 〈그리스인 조르바〉를 3번 읽었다. 아니, 3번 도전했다고 해야 맞는 말일 것이다.

처음 이 책을 읽었을 때는 끝까지 읽지 못했다. 이성보다는 감성이 앞서는 사람, 이치를 따지지 않는 사람. 이런 조르바를 긍정적으로 서술하는 내용이 참 불편했다. 첫 번째 도전에 실패하고 몇 년 후, 두 번째 도전했다. 나는 책 속 화자와 같은 결의 사람으로 논리를 지향하고 계획대로 살아야 하며, 행동에는 이유가 있어야 한다고 믿는 부류이다. 그런데 조르바같은 인물을 추앙하는 분위기는 납득이 안 됐다. 두 번째 시도는 끝까지 읽었다는 것에 만족했다. 그리고 또 시간이 흘러 3번의 도전 만에 나는 조르바에게 마음을 열 수 있었다.

　조르바는 제대로 교육을 받지는 않았지만, 누구보다 사유할 줄 아는 사람이었다. 그는 자기는 과거도 미래도 신경을 쓰지 않고 지금, 이 순간만 신경을 쓴다고 확실하게 말할 줄 아는 사람이다. 그는 화자를 자유롭지 않다고 안타까워한다. 단지 매여 있는 줄이 길어 왔다 갔다 하면서 자유롭다고 느낄 뿐이라고. 그 말은 마치 나를 향한 말처럼 느꼈고, 화자와 같이 상처가 건드려진 것처럼 참 아팠다. 그리고 화자처럼 소리치고 싶었다.

　"어느 날엔가는 그 끈을 잘라낼" 것이라고.
　그러나 나는 과연 그럴 수 있을까? 정신이 있는 한, 미치지 않는 한 그 끈을 끊을 수 없을 것이라는 조르바의 말에 어떤 반박도 할 수 없었다. 나는 절대 조르바처럼 살 수 없다는 것을 깨달았다. 하지만 조르바처럼 되지는 못하더라도 내면의 소리에 귀 기울이고 용기를 내서 행동하는 것이 자유로운 삶이 아닐지 생각하게 되었다. 그제야 세기가 지나도 조르바가 계속 회자 되는 까닭을 알게 되었다. 조만간 나는 다시 〈그리스인 조르바〉를 읽고 그의 새로운 면을 찾아낼 계획이다.

　〈그리스인 조르바〉를 읽을 때마다 생각이 달라지는 이유는 무엇일까? 그것은 아마도 내가 읽은 책의 수가 늘어나면서, 그만큼 알게 되는 것도 많아지고 사유의 폭이 넓어졌기 때문일 것이다. 정독을 위해 다독을 하는 이유를 구덩이를 파는 것에 비유하기도 한다. 구덩이를 파기 시작할 때 폭넓게 파야 구덩이를 깊게 팔 수 있기 때문이다.

독서도 그런 이치이다. 이해의 정도를 떠나 책을 많이 읽다 보면 지식이 많아지고, 지식이 많아지면 책에서 보이는 것도 많아져 독서를 통해 얻어지는 것 또한 늘어난다. 조르바를 처음 읽었을 때의 나는 내가 만든 틀에 갇혀 있어서 끝까지 읽을 수 없었지만, 시간이 흘러 그만큼 책을 계속해서 읽은 덕분에 조르바에게 한층 더 가까워질 수 있던 것이다. 책을 읽는다는 것은 바다에 빠지는 것과 같다. 처음에는 모래사장을 거닐면서 살짝살짝 밀려오는 파도에 발을 적시다가 점점 바닷속으로 걸어 들어간다. 아직은 저 멀리 파란 바닷물 위에 수평선을 보며 멋진 풍경에 감탄만 할 뿐이다.

그러나 더 이상 발이 닿지 않고 머리를 바닷속으로 집어 놓고 그 안으로 들어가는 순간, 그동안 알지 못했던 책들의 바다로 빠지게 된다. 겉에서 보는 바다는 출렁이는 파도만 보여줄 뿐이다. 그러나 그 속은 들어가 보지 않은 사람은 결코 알 수 없는 무궁무진한 세상이다. 저 깊은 심해의 바닷물이 표층수로 올라와 자리를 바꾸듯이, 극지방의 난류와 한껏 뜨거워진 한류가 섞이듯이, 수천 년 인류의 역사 동안 탄생한 생각들이, 문장들이, 책들이 모두 뒤섞여 큰 바다를 이루고 있다. 그 바다를 알게 되니 내 삶이 달라지기 시작했다.

독서는 내 인생의 전환점이다. 책을 읽지 않았더라면 나는 덧없이 흘러가는 시간 속에서 나이 듦을 서글퍼하고 있을지도 모른다. 세 아이의 엄마로서 과연 잘 지내고 있을지도 의문이다. 책을 읽지 않았더라면, 그런 가정조차 하기 싫을 정도로 책은 내 삶의 소중한 일부가 되었다. 살아가면서 잊지 못하는 순간이 있다면 그것은 바로 내가 유모차를 밀고 도서관으로 들어가는 그 순간일 것이다.

02 책을 읽으면 밥이 나오나요?

얼마 전 흥미로운 기사를 보았다.

한국리서치에서 실시한 <별난 리서치>로 평소 즐기고 있는 취미가 있는지, 취미를 선택할 때 고려 사항은 무엇인지, 등등 여러 사항에 대한 설문조사였다. 그중에 내 이목을 끈 것은 "배우자에게 허용할 수 있는 취미"에 대한 결과이다.

배우자의 취미활동은 많은 논쟁거리가 있는 주제이다. 배우자가 얼마나 자주 누구와 함께, 무엇을 하느냐에 따라 배우자의 지지를 받을 수도, 비난을 받을 수도 있기도 하다. 한국리서치는 '2021년 국민여가활동조사 통계보고서'에서 제시된 다양한 여가 활동 중 35개 항목을 추려 "배우자가 다음 각각의 활동을 취미로 지속적·정기적으로 하는 것"에 대해 조사했다(복수응답가능). 35개 항목 중 배우자가 적극 권장하는 취미 1위는 영화관람(84%), 2위 독서(83%), 이어서 공연관람(78%) 전시회, 박물관 관람(78%)이 뒤를 이었다. 제일 하위를 차지한 것은 낚시(32%), 게임(30%), 경마, 카지노 등 갬블(9%)이었다.

설문조사의 결과 중 내가 흥미롭다고 생각한 부분은 '독서토론과 독서모임'을 권장하는 비중이 60%이고 반대가 30%라는 것이다. 독서는 83%의 지지를 얻고 있는데, 독서 모임은 상대적으로 약 20%만큼 지지를 덜 받을 뿐만 아니라 30%나 반대한다는 것이다. 내 취미는 독서이면서 독서 모임을 하고 있으니, 바로 당사자가 될 수 있는 남편에게 이 설문조사 결과에 관해 어떻게 생각하느냐 물었다. 남편은 단순하게 대답했다.

"책은 집에서 읽고, 나가지 말라는 이야기지."

물론 내 남편은 나의 독서 모임 활동을 반대하지 않는다. 이 점을 고맙다고 여겨야 하는 걸까? 만약 배우자의 독서 모임을 반대하는 사람을 만난다면 나는 이렇게 얘기하고 싶다.

"세상에서 같은 책 읽은 사람을 만나는 게 얼마나 어렵다고요!"

독서는 외롭다. 마감이 정해진 것도 아니고, 시험을 보기 위한 수험서도 아니고, 스티커를 모아 무료 쿠폰을 어디서 주는 것도 아니다. 읽고 싶은 책을 스스로 정하고 나름 정해놓은 시간 동안 읽기 위해 에너지를 쏟아야 하는 주체적인 행위라고 할 수 있다. 이때 독서 모임은 책을 함께 정하고, 모임 날짜까지 읽어야 한다는 의무감이 있어서 혼자 할 때보다 효율적으로 책을 읽을 수 있다.

또 혼자 읽다 보면 가끔은 엉뚱하게 이해하고 넘어가기도 한다. 그러나 독서 모임을 통해 여러 사람과 토론하면, 자신의 해석이 잘못되었음을 깨닫기도 하고, 미처 몰랐던 부분도 알게 되면서 지식이 확장된다. 이렇게 독서 토론을 거친 책은 확실히 기억에도 오래 남는다. 독서 모임은 혼자 읽기 어려운 책을 읽는 것에 큰 도움이 된다. 고전, 철학, 인문학, 과학 등 분야를 정해서 읽을 수도 있고, 흔히들 말하는 600쪽이 넘는 벽돌 책을 함께하면 격파하기도 쉽고, 난해해서 읽기 어려운 책은 나만 이해를 못 하는 건 아니구나 하고 동질감을 느껴 위로받을 수도 있다.

그러나 독서 모임을 장시간 유지하기는 쉬운 일이 아니다. 독서 모임이 시작되더라도 회원들끼리 관심 분야가 다르거나 성향이 맞지 않을 수도 있고, 혹은 모임까지 책을 읽어야 하는 의무감이 덜 할 경우는 몇 번 만나다가 흐지부지되기도 한다. 회원들 간 독서 수준 차이가 날 때는 극복할 만하다.

수준이 높은 사람이 주도적으로 그 모임에 맞는 책을 선정해서 끌고 나갈 수도 있기 때문이다. 그러나 일방적으로 지식 전달만 이뤄지거나 몇 명의 의견으로만 진행되는 경우는 오래가기 힘들다. 더욱이, 책에 관한 얘기를 하다가 개인사가 자주 언급되는 것은 정말 조심해야 할 부분이다. 독서 모임에서 책에 집중하자는 규칙을 기반으로 운영되면 그 모임은 장수할 확률이 높아진다.

독서모임 운영에 도움이 되는 것으로는 독서동아리 지원 사업이 있다. 요즘은 각 지역 도서관에서 독서동아리 지원 사업을 다양하게 진행하고 있다. 내가 살고 있는 고양시만 해도, 고양시 도서관에 지역 동아리로 등록이 되면 여러 가지 혜택을 준다. 그중 하나가 '토론 도서 단체 대출'로 10권 이내의 동일 도서를 30일간 대출해 주는 것이다. 고양시 도서관의 경우 도서관 1관당 대출 도서 수가 2021년 110,768권에서 2022년 116,744로 증가한 것으로 알 수 있듯이 도서관 이용자가 많은 만큼, 경쟁적으로 대출을 해야 하는 경우가 발생한다. 더욱이 독서 모임은 같은 책을 여러 사람이 한꺼번에 읽어야 하니, 독서동아리만을 위해 별도로 책을 구매해 대출해 주는 이런 지원은 든든한 후원임이 틀림없다.

내가 속한 독서동아리가 받은 지원 중에 비영리단체인 <책 읽는 사회문화단체>에서 실시한 "독서동아리 지원 사업"이 있다. 전국에 있는 독서동아리의 신청을 받고, 심사를 거쳐 선정된 동아리에는 동아리 운영비와 저자 강연비 등을 지원해 주는 사업이었다. 우선 선발 조건은 지역사회 발전에 직간접적으로 기여할 수 있는 지역 기반 오프라인 독서동아리이다. 2022년에는 아파트 독서 모임이, 2023년에는 큰애 학부형 독서 모임이 번갈아 선정되었다.

지원 사업에 선정되면 두 번의 지역별 워크숍에 참가하는 조건으로 활동비를 지원받을 수 있었다. 지원비는 책 구매, 문화 공연 관람 및 독서와 관련된 활동비로 쓸 수 있다. 모든 비용은 영수증 처리는 기본이고, 모임 후기도 제출해야 한다. 또한 지역 길잡이 분이 배정되어 독서 모임에 참석도 하시고 필요한 부분을 안내해 주신다. 우리 지역 길잡이분은 한때 지역 문화센터에서 독서 관련 강의를 하셨던 분이었는데, 그 수업을 들었던 인연이 있어 다시 만나니 더욱 반가웠었다.

무엇보다 저자 강연비를 지원받는 것은 큰 혜택이었다. 운 좋게도 2022년 <모멸감>의 김찬호 작가님을 모실 수 있었다. 독자가 있다면 작은 곳도 마다하지 않으신다는 김찬호 교수님께서 아파트 독서 모임에 방문해 주셨다. 당시 느꼈던 감동을 못 잊고 혹시나 출판사를 통해 연락을 드렸더니 흔쾌히 응해주셨다. 그때 교수님의 새 책 <외면 대면 비대면>이 출판된 직후라 그 책을 주제로 하는 첫 독자와의 만남이 진행되었다. 늦은 가을 저녁, 교수님을 모시고 나누었던 시간은 코로나 이후 누릴 수 있던 큰 힐링이었다.

2023년에는 <아름다운 수집 일기>를 쓰신 이화정 작가님을 모셨다. 이번에는 우리가 받은 혜택을 지역사회에 이바지하는 취지에 맞게 아이들 중학교에 제안하여 학부모 대상 저자 강연회를 열었다. 중학교 도서관에서 열린 그 강연회는 뜻밖의 결실을 낳았다. 이화정 작가님은 전업주부일 때부터 책을 읽고, 수많은 독서 모임을 운영하면서, 꾸준한 글쓰기를 통해 책까지 출판하신 경우였다. 그런 분이시니, 학부모인 우리들을 향해 독서 모임의 중요성과 글쓰기의 필요성을 얼마나 절절하게 풀어내셨겠는가. 그 강연 덕분에 얼마 후 학교의 지원을 받아 학부모 독서 모임이 창설되었고 해를 넘겨 이어지고 있다.

다시 생각해도 나의 독서 생활은 독서동아리 참여로 더욱 활발해진 것은 확실하다. 정해진 시간 안에 책을 읽어야 하니 그만큼 짧은 시간 내 다양한 책들을 읽게 되었고, 다독이 되니 정독의 습관도 빨리 익힐 수 있었다. 책을 읽다 보니 아파트 도서관에 머물러 있는 시간도 늘어나게 되고, 아이들 때문에 놀이터에서 자주 마주치는 이웃들에게 이래 봬도 나는 독서하는 사람이라고 우스갯소리를 하곤 했다. 내가 책을 읽는다고 하면 사람들의 반응은 대체로 두 가지로 나뉜다. "와, 나도 책 읽고 싶은데" 혹은 "나는 책은 별로 안 좋아해"라고 하는 경우이다. 그런데 정말 당황스러웠던 적이 한 번 있었다. 책을 읽기 시작한 지 오래지 않아 당시 놀이터에서 자주 보던 그 엄마는 나에게 대뜸 물었다.

"책을 읽으면 밥이 나오나요?"

여기서 그 엄마가 말하는 책은 문사철의 분야이다. 차라리 재테크 책을 읽으라고 했다. 그 말을 듣고 당시에 선뜻 무어라고 대답하지 못했다. 그녀의 말대로 재테크 책을 읽고 가계에 보탬이 되어야 하는 걸까? 어느 변호사의 책은 주식 공부하는 사람들한테 엄청 유명하던데, 나도 읽고 주식 투자를 해야 하는 건 아닐까? 아파트가 최고의 재테크라는데 그러면 아파트 잘 고르는 방법을 알려주는 책을 읽어야 하는 걸까? 부자들은 어떻게 살아가고 있는지 그들의 생활을 엿보고 본받아야 한다고 강조하는 책을 읽어야 할까? 그 후로도 나는 그 질문을 반추에 반추를 거듭했다. 그리고 이제는 그 답을 할 수 있을 것 같다. 내가 참여하고 있는 아파트 주민 독서동아리는 올해로 만 7년째에 접어들고 있다. 이사 등이나 다른 개인적인 상황으로 빠진 몇 명을 제외하면 동아리가 처음 만들어졌을 때 모인 사람들로 유지하고 있다. 어찌하다 보니 비슷비슷한 나이의 여자들만 모이게 되었다. 당시 회원 중 한 사람만 직장인이었고 나를 포함 다른 사람들은 모두 경력단절 전업주부였다.

전업주부의 특권은 육아와 살림 외의 시간을 자기 것으로 만들 수 있다는 것이다. 시키는 공부만큼 하기 싫은 것도 없다. 그러나 스스로 하고 싶은 공부는 그렇게 신날 수가 없다. 같은 열망을 가진 우리는 적은 인원이지만 그 안에서도 소모임을 만들어 여러 분야의 책을 닥치는 대로 읽었다. 니체를 공부했고 민음사의 세계문학 전집을 정기적으로 읽고, 혼자는 엄두도 못 낼 벽돌 책을 함께 격파했다. 인문, 경제, 역사, 과학 등 여러 책을 읽으며 관련 강의나 동영상을 공유하면서 지식을 쌓아갔다.

시대에 뒤처지지 않기 위해 새로운 흐름이 시작되면 관련 책들을 되도록 빨리 읽고 시류에 적응하려고 노력했다. 해마다 출간되는 '트렌드 코리아', 〈90년생들이 온다〉를 읽으며 새로운 세대를 알아보려 했고, 〈포노 사피엔스〉로 스마트폰에 대한 편견을 버리고 슬기로운 스마트폰 생활을 지향

했다. 또한 〈BTS 예술혁명〉을 읽고 전 세계에 돌풍을 일으킨 BTS 현상을 알아가면서 아미가 되었다. 챗GPT가 등장했을 때는 재빨리 관련 책들을 돌려 읽으면서 다가올 인공지능 시대를 사유하는 시간을 가지기도 하였다.

이렇게 함께 열심히 달려온 덕분일까? 유일한 직장인이었던 J는 여전히 출퇴근 왕복 3시간 동안 전철에서 꾸준히 책을 읽고, 다수의 독서 모임과 강연에 참여하며 새로운 소식을 우리에게 알려준다. W는 아이가 고등학교에 들어가면서 옛 직장에 계약직으로 나가다가 1년 만에 정규직으로 전환되고 관리자 자리에 올랐다.

누구보다 시간을 알차게 쓰는데 둘째가라 하면 서러운 똑순이 S는 사회복지사 자격증 취득 후, 독학으로 지방직 9급 사회복지직 공무원 시험을 1년 만에 합격해 놀라움을 안겨주었다. 그리고 그녀는 얼마 전부터 근처 행정복지센터에 발령받아 근무를 시작하며 능력을 발휘하고 있다. 다재다능한 H는 파트타임으로 영어도 가르치면서 지역 멘토링 활동을 몇 년째 유지하고, 지역사회에서 활발하게 활발하게 활동하고 있다. 이제 유일하게 전업주부인 B는 누구보다 많은 독서량과 책에 대한 지식으로 정모 책 선정에 큰 역할을 담당하며 동아리 활동에 중요한 존재가 되었다. 이런 회원들의 도움을 많이 받아온 나는 독서지도 자격증을 따고 현재 초중등 독서지도사로 활동하고 있다.

이 독서동아리의 모임은 한 달에 3~4번, 토요일 오전 7시에 만나고 있다. 토요일 오전 7시는 누구나 게으름을 피우고 싶은 시간이다. 그러나 한편으로 이 시간은 직장인에게는 출근할 부담이, 주부에게는 챙겨야 할 아침이 없는 자유로운 시간이다. 숨어있는 이 귀한 시간에 독서 모임 회원들은 침대의 유혹을 뒤로 하고 책 모임에 참석한다. 몇 년 동안 맞이했던 사계절의 아침에, 서로 자극도 주고 위로도 하고 독려도 하면서, 같이 읽어냈던 책들과 함께 나눈 이야기들이 전혀 헛되지 않았음을 우리 스스로가 증명하고 있다.

책을 읽으면 밥이 나오냐고?
이제는 그 질문에 답을 할 수 있다.
책을 읽으면 밥이 나올 수도 있다고.

03 한여름의 퀸카 (무거움과 가벼움 사이에서)

이 글의 제목을 보고 "참을 수 없는 존재의 가벼움"을 떠올리는 이들이 있을 것이다.

그렇다. 나는 그 책에서 나름대로 생각이 떠올라 이 글을 쓰고 있다. 좋아서 시작한 독서는 하루하루 가면서 읽고 싶은 책이 생기고, 읽어야 하는 책도 늘어났다. 분명 다른 책을 읽고 있지만 어찌 보면 같은 행위를 반복하고 있는 것 같기도 하다. 독서의 욕구는 의무가 되고, 의무를 끝내면 행복감이 느껴지며 다시 욕구가 일어나는 무한궤도에 들어선 듯하다. 니체가 말한 영원회귀를 여기에 끼워서 맞추기에는 너무 억지일까? 누가 일부러 시켜도 하지 않을 독서의 의무는 뿌듯한 삶을 살게 하는 원동력이 되면서 한편으로는 '읽어야 한다'는 압박감에 삶을 무겁게 만들었다.

독서가 무겁게 만든 것이 또 있다. 바로 내 몸이다. 책을 앉아서 읽다 보니 상대적으로 움직일 시간이 줄어 살이 붙기 시작했다. 편안한 독서 생활을 위해 높이와 각도까지 조절되는 독서대까지 갖췄지만, 목과 허리에 오는 부담감은 피할 수 없었다. 체력도 떨어지고 체중도 늘어나니 몸이 무거워졌다. 무엇보다 책을 읽는 것조차 힘들 정도로 체력이 떨어지니 걱정이 됐다. 무거워진 몸을 가볍게 만들 특단의 조치가 필요했다.

혼자서 걷기도 해보고 자전거도 타보고 헬스도 해봤지만, 재미를 붙이기 힘들었다. 걷기와 자전거는 날씨가 늘 핑계가 되었고, 헬스는 기초가 없는 근육운동으로 무릎부상이라는 아픈 기억이 있어 시작하기에 조심스러웠다. 날씨에 상관없이 실내에서 할 수 있고, 지루하지 않고 재미있는 운동이 어디 없을까? 혼자서는 꾸준히 할 자신이 없고 강제성을 가지기 위해 돈을 투자할 마음마저 먹으니, 눈에 들어온 것이 '댄스로빅'[수업이었다.

나는 춤을 잘 추지 못한다. 그렇기에 나는 큰 용기를 내서 댄스 수업에 발을 들여놓았다. 마흔이 훌쩍 넘은 나이에 춤과 관련된 운동이 처음인 사람은 나와 비슷한 충격을 받을 것이다. 먼저 팔이 올라가지 않는다. 올라가더라도 어깨가 불타듯이 아프다. 안무를 따라 하기에도 너무 버거웠다. 오른쪽 2번, 왼쪽 2번, 이렇게 단순한 안무라면 어찌어찌하는데, 엇박자가 나오고, 오른쪽 한 번 갔는데 왼쪽으로 두 번 가는 방식이라면 여지없이 발이 꼬였다. 너무 힘들어 시계만 쳐다보았다. 시작한 지 10분이 지났는데 벌써 숨이 차 오르기 시작한다. 20분이 지나 주저앉고 싶은데 아무도 앉지를 않는다.

30분이 지났다.

뛰쳐나가고 싶어도 출입문과 너무 멀다. 땀은 비 오듯 흘러내리고 얼굴은 시뻘겋게 달아오른다. 앞에 있는 강사를 보고 동작은 따라 하는 동시에 주위 사람들과 비교하면서 머릿속으로는 별의별 생각이 다 떠오른다. 아침부터 신나게 춤을 추는 저 사람들은 어디서 저런 흥이 나는 걸까? 대체 나는 누구를 닮아 이렇게 춤을 못 추는 거지? 누가 나를 보고 웃지 않을까? 계속 이 수업을 들어야 해? 그러다 보면 50분이 흐르고 수업이 끝이 난다. 그렇게 댄스로빅을 시작한 지 5년을 훌쩍 넘어섰다. 이제는 수업 내내 뛰다 보니 힘들어도 숨이 별로 차지 않았다. 심폐기능이 향상된 게 확실했다.

수업 시간 동안 주저앉고 싶다는 생각이 들지 않는다. 50분 동안 쉬지 않고 음악에 맞추어 춤을 추다 보면 스트레스도 날아가고 기초체력도 덩달아 좋아졌다. 기초체력이 좋아지니, 일상이 덜 힘들어졌다. 아침에 아이들을 보내고, 춤을 추고, 집안일을 하고, 공부방 일을 해도 피로가 금방 풀리기 시작했다. 게다가 최신 유행하는 음악과 춤, 쇼츠 댄스도 알게 되니 공감대가 생겼다. 서당 개 3년이면 풍월도 읊는다고 이제는 웬만한 스텝쯤은 따라 할 수 있다. 그렇다고 춤을 잘 추게 되었다는 말은 절대 아니다.

이미 밝혔듯이 난 춤에 소질이 없으니 춤을 잘 추고 싶은 욕심도 희망도 없다. '댄스'를 시작한 것은 오로지 책을 잘 읽기 위해 체력을 키우기 위한 것 이상도 이하도 아니었다. 그저 나는 땀을 흘리면서 체력을 키운다는 것에 의의를 두었을 뿐이다. 그러나 인생은 언제나 의도치 않은 일이 생기기 마련이다. 꿈에도 생각해 보지 않은 댄서로 무대에 오를 꿈까지 꾸게 되었으니 말이다.

팬데믹을 지나서 마스크를 벗고 다시 자유로워진 2023년, 늦봄 언저리쯤 댄스로빅 선생님이 다른 강사들과 함께 각자 가르치는 회원들을 출연시키는 댄스대회를 열기로 했다고 발표했다. 춤 좀 춘다는 회원들은 당연히 참여하겠고 나섰다. 예의인지, 의리인지, 내게 같이 하자고 제안했지만 가당치도 않았다.

독서 모임에서 발표도 하고 진행도 해봤지만, 평생 춤이나 노래로 나서 본 기억이 없다. 그리고 그럴 실력도 아니다. 그런데 살짝 마음이 동한다. 아이돌 선발대회도 아닌데, 할까? 하지만 내 실력으로 언감생심 댄스대회라니, 절대 안 돼. 그래도 언제 내가 춤으로 남들 앞에 서보겠어? 나이는 계속 드는데 다시 이런 기회가 없을지도 몰라. 그래. 한번 해볼까?

주제곡은 당시 유행하던 '여자아이들'의 '퀸카'. 참가 희망자는 일주일 동안 퀸카의 안무를 외우는 게 숙제였다. 가수의 뮤직비디오를 보고 또 보고, 강사님이 녹화한 수업용 안무 영상을 보고 또 보고. 초등 막내에게 코치도 받아 가며 주말 내내 연습해도 도저히 안무가 외워지지 않는다.

아, 차라리 책을 읽는 게 쉽지…….

그런데 이상한 일이 벌어졌다. 안무는 외워지지 않아 스트레스는 받고, 몸은 따라가지 못해 힘이 드는데, 묘한 쾌감이 느껴졌다. 색다른 즐거움이었다. 스트레스에 짜증이 나고 우울해해야 하는데 그런 기분이 아닌 다른 무언가가 내 안에 생겼다. 그리고 깨달았다. 춤을 연습하면서 나는 평소에 사용하지 않았던 근육을 쓰고 있었다. 어찌 보면 내가 평생 쓰지 않았던 근육일지도 모른다. 곰곰이 생각을 해보니 춤꾼들의 몸짓은 나와 다르다. 팔을 그냥 흔드는 게 아니고 배 근육을 사용해 반동을 준다. 다리를 그냥 뻗어 앞으로 내딛는 것이 아니고 골반 근육과 허리를 움직이면서 스텝을 밟는다. 팔을 뻗는 동작에서는 손가락 끝까지 힘을 주어야 한다. 그리고 다음 동작까지 생각하며 몸을 움직인다.

수업 시간에 그저 몸짓만 흉내를 내다가 정확한 춤동작을 하려다 보니 평소에 잠자던 근육을 쓰게 되고, 그러다 보니 뇌에 서로운 자극이 전달된 것이다. 과장처럼 들릴 수 있지만 뇌에 전류가 흐르는 것처럼 짜릿함이 느껴졌다. 새로운 것을 배우면 뇌가 젊어진다고 하더니 정말 그런 것일까?

또한 퀸카 연습을 하다 보니 사람마다 재능이 다르다는 것을 새삼 깨닫게 되었다. 물론 각자 잘하는 것이 다르다는 것은 모두가 아는 이야기이다. 그러나 머리로 이해하던 것을 몸으로 체화해서 알게 되니 마음이 한결 너그러워졌다. 춤을 잘 추는 그녀들이 멋져 보였다. 정원을 예쁘게 잘 꾸미는 사람이 특별하게 느껴졌다. 액세서리를 잘 만드는 사람이 대단하게 느껴졌다. 책을 읽고 잘 기억하는 사람이 위대하게 보였다. 사람에게서 못하는 것이 아니고 잘하는 것들이 더 크게 보이기 시작했다.

이런 마음은 내가 가르치고 있는 아이들에게도 미쳤다. 책을 못 읽어오면 집중을 안 했다고 꾸중했던 내 모습이 부끄러워졌다. 아이들도 각자의 관심사와 재능이 다른데 내 기준에 맞추려던 것이 반성이 되었다. 내가 춤을 잘 추고 싶지만, 마음처럼 안 되는 것을 겪어 보니 이제는 책 읽기를 싫어하거나 힘들어하는 아이들을 이해하고 격려해야겠다는 생각이 들었다. 그들이 잘하는 것에 스스로 자랑스러워하고, 부족한 것은 다시 해낼 수 있다는 자신감을 가지게 해줘야겠다는 마음이 들었다.

주말을 투자해 연습한 덕에, 퀸카 안무는 외울 수 있었다. 그러나 대회에 참가하지는 않았다. 춤꾼으로 거듭나기에 내 몸속 DNA는 확실히 부족했기 때문이다. 동료 회원들은 여름 내내 연습했고 그들의 노력은 홍대 클럽에서 멋지게 불타올랐다. 나도 같은 공간에서 열정적으로 응원을 하고 신나게 즐졌다. 제대로 춰보겠다고 안무를 외우고 연습한 것은 나에게는 큰 도전이었다. 이것을 시작으로 언젠가는 코드 외우는 게 어려워 멀리했던 클래식 기타나 춤보다 더 싫어했던 그림 그리기를 배울지도 모르겠다. 한여름의 퀸카는 이제까지 못 한다고 멀리하던 것들을 도전하고 싶은 용기를 주었다.

한여름의 퀸카가 휩쓸고 난 후 나의 춤 실력은 조금 발전이 있는 듯하다. 춤 실력이야 그렇다 쳐도 몸은 확실히 가벼워졌다. 체력이 좋아지니 움직임도 가벼워졌다. 이렇게 무거움에서 가벼움으로 바뀐 것은 단지 육체만은 아니다.

점점 의무가 되어가던 책 읽기가 댄스 수업 덕분에 더욱 즐거워졌다. 가끔은 댄스 수업에 가기 위해 독서가 뒷전으로 밀리기도 한다. 하지만 춤을 추면서 오늘 읽을 책을 떠올리면 독서의 의욕이 밀려온다. 가끔은 책을 읽고 싶어 댄스 수업에 결석할 때도 있다. 그런 후에는 다음의 댄스 수업이 그렇게 기다려질 수가 없다. 책을 읽으면서 삶의 의미를 찾는 것이 무거움이고 춤을 추면서 자유롭게 인생을 느끼는 것을 가벼움이라 한다면, 무거움과 가벼움 사이의 줄다리기는 내 인생에 활력을 주고 있다.

이제는 추억이 되어 버린 한여름의 퀸카는 한낱 일장춘몽으로 끝났을지언정 돌이켜 보면 많은 걸 깨닫게 해주었다. 그리고 언제라도 그 음악을 듣는다면 그때 그 뜨거웠던 여름이 떠오를 것이다.

04 좌충우돌 알바 이야기

결혼과 동시에 외국으로 가야 해서 어쩔 수 없이 직장을 관두었다. 이것은 꼬박꼬박 들어오던 월급이 이제는 없다는 의미이다. 내가 번 돈으로 먹고 즐기던 생활에 익숙하다가 스스로 버는 수입이 없어지니 괜히 주눅이 드는 건 기분 탓인지도 모르겠다.

남편이 뭐라 하지 않는데도, 즐겨 마시던 카페라테를 주문하면서 머릿속에서는 아메리카노와 가격을 비교하는 내 자신에 조금은 서글픈 생각이 들었다. 또 외식할 때 늘 남편이 계산하는 것도 가끔은 아쉽게 느껴졌다. 그래서 어떻게든 일을 하고 싶었는지 모르겠다. 커피와 맛있는 케이크 정도는 눈치 안 보고 주문하고 싶고 가족과 외식에서 내가 멋지게 계산하고 싶은 마음에 말이다. 이것이 내가 알바 시장에 기웃거리기 시작한 이유이다.

알바라 하면 비정규직, 드라마 '직장의 신'에서 나오는 김혜수가 떠올랐다. "누구 할 수 있는 사람 없나요?" 할 때, 나는 그녀처럼 품에서 좌르륵 자격증이 나올 수 있는 것도 아니고 만능 일꾼이 될 수 있을 것 같진 않지만, 알바X이나 알바XX은 들여다보았다. 그곳의 채용 정보는 대게 9 to 5, 아니면 저녁 시간대를 원하니 아이를 키우는 나와는 맞지 않는 경우가 많았다. 그런데 등잔 밑이 어둡다고, 정작 알바를 구한 경로는 뜻밖에도 가까이 있었다.

1

때는 바야흐로 뜨거운 햇살이 내리쬐던 7월. 아이들은 학교에, 어린이집에 보내놓고 동네 동생(아이를 낳고 알게 된 사람들은 모두 아이 친구 엄마)과 길을 나섰다. 동네 맛집으로 소문난 콩국수를 먹으러 가기 위해서였다. 시원한 콩국수를 먹고 가게 문을 나섰는데 국수집 앞 건물 1층에 걸린 간판이 우연히 눈에 들어왔다.

"부업하는 집"
"어머 부업이래. 우리 여기 들어가 볼까?"

혼자였다면 쭈뼛쭈뼛 망설였을 텐데 둘이어서 그랬는지 호기심 반 두려움 반 심정으로 문을 열었다.

"여기 앞에 부업이라 쓰여 있어서요."
"네, 들어오세요."

실내에는 커다란 테이블이 여섯 개 정도 놓여 있었고, 안쪽 벽에는 커다란 상자들이 쌓여 있었다. 테이블마다 한두 명의 중년여성들이 앉아서 그 위에 놓인 작은 상자들을 가지고 작업을 하는 듯 보였다.

"이곳은 화장품 세트 상자를 만드는 곳이에요. 처음 오신 분들은 먼저 테이프부터 붙이세요."

그렇다! 그곳은 말로만 듣던 단순 포장 알바를 하는 곳이었다. 문을 열고 들어간 첫날부터 우리는 의자에 앉아 일을 시작했다. 담당자는 우리에게 공장에서 막 출고된 하얗고 밋밋한 상자를 주었다. 우리가 할 일은 양면테이프를 상자에 붙이는 일이었다. 우리가 상자의 네 면을 양면테이프로 쭉 돌리고, 다른 사람은 그 양면테이프 위에 분홍빛 천을 붙이고 나면 그럴싸한 화장품 선물 세트 상자가 되는 것이다. 단순하게 보이는 일도 처음에는 손에 익지 않아 버벅거리게 마련이다. 그래도 왼손으로는 상자를 돌리고 오른손으로는 테이프를 잡고 쭉 돌리는 방식에 금방 익숙해졌다. 단순노동의 핵심은 속도다. 특히 내가 작업한 상자의 양만큼 수당이 나올 경우는 말이다. 점점 내 양손은 상자에 테이프를 붙이는 일에 적응했고 빠른 속도로 일을 처리하기 시작했다.

그날부터 아이들을 보내고 집안일을 빨리 마무리한 후 친구와 같이 부업하러 가기 시작했다. 므더운 여름, 작업실은 에어컨 덕분에 시원하고 탕비실에는 믹스커피가 있었다. 같이 일하는 분들이 간식을 나눠주기도 하고, 전기밥솥도 있어서 반찬만 싸 오면 점심도 해결할 수 있었다.

동네 친구와 같이 테이프를 붙이면서 이런저런 수다를 떠는 것도 쏠쏠한 재미였다.
"와, 집에 혼자 있을 땐 에어컨 틀기 뭐 한데, 여기는 그런 생각 안 해도 되고 너무 시원하다."
"우리가 여기 오지 않으면 뭐 하겠어. 카페 가서 커피나 마시겠지. 그런데 여기 와서 일해서 돈 벌고, 이 시간에 커피를 안 사 먹으니, 돈도 굳고 완전 1석 2조네."

그렇게 입사 동기(?)와 수다를 떨며 시원한 7월을 즐겼다. 상자에 테이프를 붙이는 일이 숙련되니 그 위의 업무를 배정받았다. 바로 상자에 그 분홍빛 천을 붙이는 일이었다. 이 업무는 테이프 붙이는 일보다 수당이 조금 더 높았다. 천을 살포시 올려놓고 이쁘게 주름을 잡아가는 것이 관건이었는데 손재주가 없는 나로서는 참으로 난감한 일일 수 없다. 주름 잡는 일을 시작한 지 얼마 후, 아이들의 여름방학이 시작됐다. 그와 동시에 나의 부업은 자연스럽게 끝이 났다. 아직도 그 골목 그 상가 1층에는 '부업하는 집'이라는 작은 간판이 걸려 있다. 시원한 에어컨 바람, 좁은 탕비실의 믹스커피, 그리고 묵묵히 앉아 각자의 일을 하던 사람들. 그곳을 보면 그 여름이 떠오른다.

#2
 손님이 북적대는 식당에 가면 이런 식당을 운영하면 얼마나 벌까, 수지타산을 계산하는 사람이 있다. 한 그릇의 가격이 이러니 대략 몇 그릇을 팔면 얼마일 거고, 그러면서 대박 식당의 주인을 꿈꿔 보기도 한다. 하지만 장사는 아무나 못 한다는데, 식당 경험을 해봐야 엄두가 나지 않을까 싶다. 그러던 차에 식당 알바를 우연히 소개받았다. 시간도 오전 10시부터 1시까지 아이들이 모두 기관에 가 있는 시간이라 금상첨화였다. 게다가 예전 화장품 상자 부업보다 수당도 좋다. 물론 최저임금이긴 하지만.

 새로 구한 알바는 무한리필 양꼬치 식당에서 양고기를 비롯한 여러 가지 꼬치를 만드는 일이었다. 식당 홀 테이블에서 여럿이 모여 쇠 꼬치에 고기를 찔러 넣는 일을 했다. 냉동된 고기들은 꼬치에 꽂는 게 어렵지는 않지만, 고기가 점점 녹기 시작하면 잘 꽂히지 않고 모양도 흐트러진다. 양고기, 닭고기, 새우, 버섯, 마늘 등을 꼬치에 끼는 일은 또 새로운 느낌이었다.

 오전 10시부터 오후 1시까지 꼬박 3시간 작업을 하다 보면 냉장고 안에는 우리가 만든 꼬치들이 수북이 쌓여간다. 주방에서는 요리사가 음식 재료를 준비하는 소리로 분주해진다. 시간이 되면 나는 앞치마를 풀고 식당을 떠난다. 몇 시간 후면 저 식당 안은 조명이 밝혀지고 손님들로 시끌벅적할 것이다. 양꼬치 집 아르바이트를 소개해 준 친구는 생활력 하나는 정말 끝내준다. 도매가로 구입한 화장품을 중국으로 보내 수입이 좋은 것으로 아는데, 오전에 양꼬치 아르바이트까지 한다. 또 다른 여성도 나처럼 아이를 어린이집에 보내고 와서 일을 한다고 했다. 환한 조명 밑에서 이쁘게 세팅된 브런치를 먹는 이 시간대에 어떤 이들은 열심히 일하고 있구나, 하고 느끼게 되었다.

나의 양꼬치 식당 아르바이트는 오래가지 못했다. 아이들이 번갈아 감기에 걸려 어린이집을 못 갔기 때문이다. 불과 며칠 동안의 식당 체험이었지만, 이제 외식을 할 때면 영업 전의 식당의 모습을 나 혼자 그려보는 습관이 생겼다. 채소를 다듬고 요란한 칼질로 재료를 썰고, 이것저것 섞어 만든 양념을 통에 담아 놓는, 식당 안 그들의 모습이 선하다.

#3
동네 엄마들 사이에서 좌담회 알바가 붐이 일었다. 좌담회는 별다른 기술이 없어도 누구나 손쉽게 참여할 수 있어 꿀알바로 알려져 있다. 평소에 내가 관심이 있거나 사용하는 제품을 테스트하고 사용 후기를 말하는 것으로 거의 비슷한 방식이라 어려울 게 없어 보인다. 장소도 대부분 서울에 위치해 이동 시간만 잘 계산하면 2~3시간 참여에 쏠쏠한 일당을 벌 수 있어 마다할 이유가 없다. 하지만 내가 원한다고 모든 좌담회에 지원할 수 있는 것은 아니다.

일당이 제법 되는 좌담회는 주로 고가의 제품을 구매 사용하는 사람들 대상이다. 최신 가전제품을 구매했거나, 자동차를 새로 뽑았거나 하는 식이다. 부엌 가전제품이야 그렇다 치고 최신 스마트기기를 장만한 사람들을 모집하는 좌담회는 나에게 그림의 떡이다. 가성비를 최고로 따지는 남편은 얼리어답터이면서 잘 만들어진 중소기업 제품을 잘 찾으시는 능력이 있는 덕분에 수당 좋은 좌담회 몇 건은 놓치기도 했다.

그러나 내가 느낀 최고의 장벽은 바로 '나이'였다. 결혼이 늦어 첫애의 친구 엄마들은 대체로 나보다 3~5살은 어렸다. 같은 좌담회를 신청해도 그들은 바로바로 연락이 오지만 나는 번번이 탈락이었다. 이래 봬도 운전면허 실기 말고는 시험에 낙방해 본 적이 없는 나로서는, 연거푸 탈락의 고배를 마시다 보니 자신감이 떨어졌다. 나름 동안이라 나이보다 어려 보인다는 소리를 많이 듣는데, 단지 서류상의 나이로 기회조차 주어지지 않는다니. 자존심이 너무 상했다. 아침에 그 친구들이 부랴부랴 좌담회를 가는 뒷모습을 보면서 나는 결심했다. 그래, 나이 들어서도 할만한 것을 찾아야 했다. 그리고 선택한 것이 독서지도사 자격증이었다.

4

다행히 독서모임 친구들과 뜻이 맞아 독서지도사 자격증 시험을 같이 준비할 수 있었다. 일반적으로는 해당 자격증 회사의 강의를 들으며 시험 준비를 해야 했지만, 우리가 누구인가. 책 읽는 여자들 아닌가. 그래서 자격증 책을 사서 같이 시험 스터디를 했다. 서평 쓰기는 독학이 힘들어서 십시일반 돈을 모아 강사님을 섭외해 속성으로 지도를 받았다. 결과는 4명 모두 합격!

자격증을 손에 넣었으니 이제는 활용할 차례이다. 갑자기 새로운 일을 시작하려니 한편으로는 겁이 났다. 책읽기와 누군가를 가르치는 것은 전혀 별개의 일이기 때문이었다. 게다가 동네에서 시작한다는 것은 더욱 엄두가 나지 않았다. 그래서 이다 수학 공부방을 시작한 동생에게 소개받은 수학 학원에서 특강형식으로 독서수업을 시작하기로 했다. (수학 공부방을 시작한 동생은 나와 상자 부업을 같이 함) 수학 학원은 집에서 차로 20여 분 떨어진 곳으로 행정구역도 달라서 지인을 만날 우려가 적었다. 대상 연령을 정하고, 책을 선정한 후 독서 활동까지 고민해서 수업 계획표를 만들고 나만의 수업 커리큘럼이 완성되었다. 광고문구도 고심해서 만든 홍보지를 들고 근처 초등학교에서 나눠 주었다. 운이 좋아서인지 바로 팀이 짜였고 나의 첫 독서지도사 일이 시작되었다.

#5
  수업 경력을 쌓은 후, 집 방 한 칸을 공부방으로 만들어 집에서 독서 수업을 시작해 지금까지 하고 있다. 첫술에 배부르랴, 차근차근 밟아온 공부방이 이제는 자리 잡았고 내 몸에도 독서지도사라는 옷이 제법 걸쳐졌다. 집에서 공부방을 하다 보니 일하는 시간이 제한적이라 그리 큰돈은 벌지 못한다. 그래도 외식할 때 '엄마가 내는 거'라고 생색내기도 하고, 저녁 하기 싫은 날 배달 음식으로 플렉스할 수 있고, 가족 휴가에 좀 더 적극적으로 나설 수 있다.

  하지만 카페라떼 주문은 여전히 쉽지 않다. 아무래도 주부이다 보니 미혼일 때보다 계산하게 되는 것이 더 많아졌기 때문일 것 같다. 다행이라면 나이가 들면서 단 것이 안 끌리는지 예전처럼 까페라테를 많이 찾지 않는 현실이다.

최근 일터로 다시 나오는 주부들이 늘고 있다. 빵 굽는 것을 좋아해서 빵집만 골라 일하고, 사람 만나는 게 싫어 혼자 일을 하는 아르바이트를 선호하기도 하고, 춤이 좋아 댄스 강사를 하고, 요리하는 것이 좋아 디저트 가게를 하기도 한다. 가스 검침을 하러 가가호호 방문하시는 분, 카트에 택배박스를 가득 싣고 바삐 다니시는 분, 그리고 수많은 장소에서 일하고 있는 주부들. 그들이 일을 하러 나온 연유는 모두 다 다르겠지만 누구보다 열심히 자신의 시간을 만들어 가는 그들을 응원한다. 그리고 나 자신에게.

05 새로운 인생

독서의 시간이 쌓여갈수록 읽었던 책과 관련된 것이 보이면 관심이 쏠리게 된다.

아는 만큼 보이는 것이니깐. 그중에서도 가장 쉽게 눈에 띄는 것이 소설이 원작인 영화로, 소설과 영화를 비교하는 것은 쏠쏠한 재미가 있다. <벤자민 버튼의 시간은 거꾸로 간다>는 노인의 외모와 노인의 질병을 가지고 태어난 남자가 시간이 흐를수록 점점 어려진다는 기이한 이야기다. 영화는 특별한 사건도 자극적인 내용도 없지만 흥미로운 소재에, 브래드 피트가 주인공을 맡아서인지 꽤 재미있었다. 특히 이야기 전개상 필요했던 20대의 풋풋한 브래드 피트의 모습을 컴퓨터 그래픽으로 만들어 냈으니, 당시 발전된 컴퓨터 기술에 감탄하기도 했다. 그래서 찾아 읽은 원작이 50쪽도 채 안 되는 단편소설에 내용도 편파적이고 로맨스 비중도 크지 않아 조금 당황했다. 영화의 감동을 소설이 다 담아내지 못한 아쉬움이 컸다고 할까?

이 소설의 작가는 '위대한 개츠비'의 F. 스콧 피츠제럴드이다. 특이한 소재로 인생의 시작과 종착역에 대해 한 번 생각하게 해줬다는 점에서 그가 대단한 작가임에는 틀림이 없다. 하지만 벤자민 버튼하면 피츠제럴드보다 브래드 피트가 더 떠오른다는 것은 어쩔 수 없다. 그 짧은 소설의 비어 있는 부분을 채워 166분짜리 아름다운 영화로 만들어 낸 감독의 상상력 또한 대단하다. 피츠제럴드가 이 영화를 보았다면 만족해하며 감독에게 칭찬을 마다하지 않았을 것이다.

영화 〈네버 렛 미 고〉는 가즈오 이시구로의 장편소설 〈나를 보내지 마〉가 원작으로 SF 소설이다. 외부와 철저하게 단절된 헤일섬 기숙학교가 배경으로 그곳에서 교육받는 아이들은 장기이식을 목적으로 인위적으로 만들어진 복제인간이다. 그들의 운명은 서너 번의 장기이식을 사람에게 해 주고 난 후 죽게 되는 것이다. 소설에서 작가는 클론들이 자신의 정체성에 대해 고민하는 내용을 절제된 문체로 담담히 서술하고 있다. 생명체이지만 존중받지 못하는 클론들의 모습이 감정이 억제된 문체로 그려지는 것이다. 한편, 영화에서는 그들이 지내는 비참한 생활 환경과 자기의 삶을 스스로 만들어 갈 수 없다는 것에 좌절하는 클론의 감정을 강렬하게 표현했다.

나는 이 영화를 계기로 하나의 편견을 깨뜨렸다. 소설이 원작인 영화를 보면 실망한다는 편견이다. 책을 읽으면서 느꼈던 감정과 시각적으로 구현되는 것에서 차이가 있을 수 있기 때문이다. 그러나 이제는 소설 원작의 영화감상은 독서 모임의 형태 중의 하나라고 생각하게 되었다. 감독과 배우들이 소설에서 느꼈던 자신들의 감정을 영화로 표현했고, 독자는 그것을 보면서 자신과 비슷하거나 혹은 다르게 생각되는 점에 대해 감상을 나누는 것이다. 이렇게 소설이 원작인 영화를 보는 것에 또 다른 재미를 발견했다.

얀 마텔의 소설 〈파이 이야기〉는 '로빈슨 크루소', '걸리버 여행기', '백경'의 뒤를 잇는 모험소설이라는 찬사를 받고 있다. 인도에서 캐나다로 가던 배가 난파된 후 소년 파이는 구명보트에 뱅골 호랑이와 단둘이 남게 되었고 그는 살기 위해 호랑이, 리처드 파커를 길들이기로 한다. 망망대해에서

227일 동안 생존을 위해 싸우는 파이 이야기는 읽는 내내 허기와 갈증, 공포와 절망이 고스란히 느껴지는 거칠고 의미심장한 소설이다.

반면에 영화 〈라이프 오브 파이〉는 이보다 더 아름다운 영상이 있을까 싶을 정도로 신비로움 그 자체였다. 어디가 하늘인지 어디가 바다인지, 수많은 별이 쏟아지는 밤바다는 마치 우주와 같고, 파이의 배 밑으로 고래들이 유유히 헤엄치는 장면은 천국이 있다면 저렇지 않을까 싶을 정도로 눈을 사로잡았다. 하지만 그 천국의 전제는 가족이 모두 죽고 혼자 구명보트 위에서 호랑이와 공존을 해야 한다는 것이었다.

폭풍우 속에서 살아남기 위해 보트를 꼭 잡고 '나는 가족도 잃고 모든 것을 잃었어. 제발 그만 괴롭혀.'라고 울부짖는 파이의 모습은 너무나 처절했다. 그에게 닥친 절망적인 현실과 대조되는 아름다운 영상은 '세상은 있는 그대로가 아닌 우리가 이해하는 대로죠'라는 파이의 의미심장한 말과 통하는 듯하다. 독자의 상상력을 뛰어넘은 훌륭한 영상으로 가득 채운 이안 감독은 역시 거장이었다.

"지나가는 배에 구조되리라는 희망을 너무 많이 갖는 것도 그만둬야 했다. 외부의 도움에 의존할 수 없었다. 생존은 나로부터 시작되어야 했다."

태평양을 표류하는 파이의 독백을 보니, 눈 쌓인 안데스산맥에 고립되어 있던 젊은이들이 생각난다. 영화 〈안데스 설원의 생존자들〉은 1972년 우루과이 비행기가 안데스산맥에 충돌해 추락해 45명의 탑승자 가운데 단 16명이 살아난 실화를 바탕으로 하고 있다. 주위에 온통 눈으로 가득 쌓인 산맥들 사이에 고립된 생존자들은 막막하기만 했다. 통신기기도 망가졌고 추락한 위치도 좋지 않고 하얀 비행기가 눈에 묻혀있으니 구조대원들 눈에 띄지도 않았다. 밤에는 영하 40도까지 내려가는 강추위 속에 한두 명씩 목숨을 잃어 갔다.

비행기에서 찾아낸 식량도 다 떨어지고 한계에 다다른 생존자들에게 절체절명의 결정을 내려야 하는 순간이 다가왔다. 먹지 않으면 죽는 상황, 그들이 선택한 것은 바로 인육을 먹는 것이었다. 영화에서 가장 끔찍했지만 담담하게 표현된 그 장면 위로 생존이냐 이성이냐는 질문이 맴돌았다. 그 질문에 대한 답이었을까? 설상가상 눈사태로 기체와 함께 생존자들이 매몰된 참혹한 상황에서 죽어가는 아르트로는 인육을 거부하는 누마에게 말한다.

"믿음이 이렇게 강했던 적은 없었어. 미안하지만 내 믿음은 신을 향한 믿음이 아니야. 너의 신은 이 산에서 길을 알려주지 않아. 난 이제 다른 신을 믿어. 나의 신은 로베르트의 머릿속에 깃들어 있어. 내 상처를 치료해 주지. 난도의 다리에 깃들어 있어. 어떤 상황에서도 앞으로 나아가지. 나는 다니엘의 손을 믿어. 고기를 자르는 손 말이야. 그 고기를 건네는 피토를 믿어. 누구의 살점인지 함구해. 그 덕에 먹을 수 있는 거야. 그들의 눈을 떠올리지 않게 해주지. 나는 그 신을 믿어."

그에게 신은 더 이상 추상적인 존재가 아니다. 비행기 사고는 그들의 계획에 들어 있지 않았다. 왜 이런 일이 자신들에게 일어났는지 절대 설명할 수 없는 상황은 처참했다. 아르트로는 그런 참담한 상황에서 포기하지 않고 살기 위해 애를 쓰는 친구들이 바로 신이라고 말하고 있었다. 이 대사에서 나는 알베르 카뮈의 '부조리'가 떠올랐다.

내가 만약 태평양의 파이나 설원에 고립된 젊은이들처럼 그런 끔찍한 상황에 놓였다면, 나는 과연 살아야 하는 의지를 가질 수 있을까? 도대체 나에게 왜 이런 일이 생겼느냐고 울분을 토하고 좌절하고 삶을 포기하고 싶지 않을까? 그렇다면 과연 바다는, 설원은, 나를 골라 일부러 사고를 냈을까? 참을 수 없는 것은 아무리 그 상황을 이해하고 의미를 찾으려고 노력해도 그 바다와 설원은 그토록 무관심하게 자연의 섭리에 따라 움직이고 있다는 사실이다.

이렇게 세상의 무관심과 인간이 의미를 추구하려는 의지 사이에서 생기는 충돌이 바로 부조리이다. 카뮈는 인간의 의지로 바꿀 수 없다는 사실, 즉 부조리를 인식한 후 인간이 선택해야 하는 일은 반항이라고 했다. 반항은 세상의 부조리함을 받아들이면서도 이에 굴복하지 않고 자신의 삶을 주체적으로 살아가려는 의지이다. 지금 닥친 현실을 인정하고 그 안에서 내가 해야 하는 일을 찾고 행동하는 사람이 주체적인 삶을 살아가는 자유를 얻게 되고 행복을 찾을 수 있게 된다는 것이다. 광대한 자연에 둘러싸여 어찌할 수 없는 무기력한 상황에서 그들은 포기하지 않고 구조될 수 있다는 희망으로 각자의 역할을 충실히 해나갔다. '신은 당신이 달아나려 할수록 더욱 매섭게 공격해 온다'는 말에도 불구하고, 난도는 "저 산을 넘을 거야"라는 의지로 결국 자연의 매서움을 이기고 산맥을 넘어 구조가 될 수 있었다.

파이 또한 "난 죽지 않아. 죽음을 거부할 거야. 이 악몽을 헤쳐 나갈 거야. 아무리 큰 난관이라도 물리칠 거야."라고 다짐했기 때문에 태평양에서 살아남을 수 있었다. 책을 읽고도 맥을 잡지 못했던 부조리의 철학을 우연히 영화에서 발견하고 이해하다니, 영화감독도 카뮈도 한층 더 가깝게 느껴졌다. 그런데 인생에서 꼭 이렇게 큰 재난을 겪어야만 성장하고 위대한 깨달음을 얻을 수 있을까? 그렇지는 않을 것 같다. 여기, 우리가 겪는 고단한 삶을 고스란히 전해주며 내면을 찾아가는 중년의 성장 드라마가 있다. 바로 〈나의 아저씨〉이다.

'나의 아저씨'에 우르르 등장하는 중년의 남자들은 꽃보다 남자의 그들처럼 훤칠한 미남들이 아니고, 흔하디흔한 동네 아저씨들이다. 이 드라마가 흥미로운 점은 중년 남자들을 힐링해 줄 수 있는 요소가 요모조모 있어서이다. 저녁마다 편안하게 들러 술 한잔을 할 수 있는 동네 어귀의 정희네, 그곳에는 늘 내 편이 되어주는 한결같은 동네 친구들이 있다. 그런 장소와 그런 친구들은 있다는 것은 이 시대 중년남들의 로망일 테고, 그래서 이 드라마가 남자들한테 특히 더 인기가 있었는지도 모른다. 내 남편을 포함해서.

故이선균 배우가 분한 주인공 '박동훈'의 삶은 참 고달프다. 부정부패와는 거리도 멀고 실력이 있으면서 착실한 부장이지만 무슨 연유인지 좌천성 인사 발령을 받았다. 삼 형제 중 둘째인 그는 유일하게 대기업 직장 생활을 하고 있다. 형은 실직에 이혼 위기에 처해있고, 동생은 영화감독이지만 영화 한 편 제대로 찍지 못했다. 고학력 출신인 형과 아우가 제대로 된 직업도 없이 홀어머니 집에 얹혀살고 있으니, 둘째 아들 박동훈은 힘들어도 직장을 그만둘 수도 없다. 그 와중에 부인은 박동훈의 후배이자 상사가 된 사람과 바람이 났으나 이혼도 할 수 없다. 그런 놈 때문에 이혼했다는 소리가 듣기 싫어서.

이런 상황에서도 그는 주위 사람들이 기대하는 역할을 수행하기 위해 고군분투한다. 하루하루 톱니바퀴처럼 굴러가는 시간 속에서 그는 일탈하지 않는다. 하지만 퇴근 후 지하철을 타고 집으로 터덜터덜 가는 길에 아내에게 전화를 걸어 "뭐 필요한 거 없어?"라고 물어보는 그의 뒷모습에서 그가 짊어진 삶의 무게를 느낄 수 있다. 그리고 그의 모습에서 나는 대릴 샤프의 〈생의 절반에서 융을 만나다〉라는 책이 생각났다.

〈생의 절반에서 융을 만나다〉는 삼십 대 후반의 평범한 남자인 노만의 이야기를 통해 중년의 위기로 고통받는 사람들을 치유하는 과정을 소개한다. 그 치유의 과정은 구스타프 칼 융의 이론이 적용되고 중년의 위기를 분석하면서 이루어진다. 융은 중년의 위기를 심리적 혹은 정신적 균형을 맞추기 위한 수단으로 보았다. 청소년기에는 성장에 에너지를 쓰고, 청년기에는 사회에서 자리를 잡기 위해 에너지를 쓴다. 그러다가 어느 정도 삶이 익숙해진 중년이 되어서야 자기 내면의 소리에 귀 기울이게 된다.

그렇게 인생 전반부에 살아보지 못한 요소를 충족시키면서 심리적 혹은 정신적 균형을 맞추려고 한다는 것이다. 그렇게 한 사람이 개성화, 독립적인 존재로 자리를 잡는다는 건데, 그러기 위해서는 사람의 근원인 어머니, 가족, 사회에서 떨어져 나와야 한다는 것이다. 든든한 상사로, 착한 아들로, 충실한 남편, 그리고 친절한 아저씨로, 사람들과의 관계에서 여러 역할을 별 무리 없이 수행하고 있던 박동훈은 그를 둘러싼 혼란 속에서 심리적으로 참을 수 없는 지경까지 몰리게 된다. 하지만 "무슨 일이 있어도 내력만 있으면 버틴다."는 우리의 주인공은 역시 자기 내면에서 그 해결책을 찾았고 위기를 극복하며 "나 안 망가져. 행복할 거야."라고 소리친다.

갈등이 해결되고 몇 년이 흘러 박동훈은 우연히 만난 이지안(아이유)에게 "편안함에 이르렀나?"라고 묻는 그 유명한 장면이 나온다. 그 질문은 어쩌면 박동훈 스스로에게 하는 말일 수도 있다. 겉으로 보이는 그의 삶은 변하지 않았다. 하지만 마지막에 그가 울음을 터뜨리는 장면은 그동안 얼마나 그가 심적으로 힘들었는지, 기댈 곳 없이 꾹꾹 참고 견뎌냈는 지를 여실히 보여준다. 그리고 '중년의 위기에서 진정한 치유는 자기 자신이 되는 것'이라는 융의 이론을 다시 한번 확인하는 순간이었다.

"한 번도 안아보지 않은 나를 끌어안고 울었다."
박동훈이 울 때 나도 같이 울었다.

나는 착실한 모범생으로 한 차례 낙방도 없이 대학에, 취직에, 안정된 결혼 생활에 어찌 보면 무난하게 살아왔다. 그러면서 스스로 오만방자하게 부모에게서 독립했다고 여겼다. 그러나 진정한 인생의 게임은 육아를 시작하면서였다. 아이가 하나일 때는 한 명의 인생에 나를 맞춰야 하는 게 억울하긴 했지만 할 만했다. 아이가 둘이 되면서 몸은 좀 힘들어졌어도, 가끔은 부모님께 의지할 수 있으니 이겨낼 수 있었다. 그러나 아이가 셋이 되고 양가 부모님들 댁과는 거리가 좀 떨어진 곳으로 이사 오면서 나의 정신세계는 무너졌다. 흔히 말하는 독박육아! 내 생활이 하나도 없는 상황에서 남편은 무관심해 보였고, 늘 싸움의 연속이었다. 도망가고 싶지만 도망갈 수 없었으니 처절하게 싸우고 하루하루를 버텨냈다.

돌이켜 보면 그 시간만큼 나에게 집중한 적도 없었던 것 같다. 지금 내가 왜 이렇게 힘든지, 나와 주위 관계에서는 무엇이 잘못되었는지, 어떻게 하면 이 고비를 넘길 수 있는지, 나는 어떻게 살고 싶은지를 수도 없이 고민했다. 그런 고뇌 끝에 나는 독립된 존재로 다시 태어났다. 마흔이 넘어서야 인생의 홀로서기를 한 것이다. 내 주위는 그대로이다. 다만 나의 내면은 예전의 나와는 달라졌다.

융의 말은 맞다. 중년의 위기는 눈에 보이지 않게 조용히 찾아온다. 그리고 그 위기를 넘기는 방법은 각자만이 찾을 수 있다. 각자 살아온 길이 다르기 때문이다. 책은 안 읽어도 삶에 지장은 없다. 하지만 내가 융의 책을 읽었기 때문에 착동훈의 심리에 더 공감될 수 있었을 것이다. 카뮈의 책을 읽었기 때문에 안데스산맥에서의 고립이 더 소스라치게 느껴졌을 것이다. 책을 읽으면서 영화감독과 배우와 이야기를 나누는 것 같고, 책을 읽으면서 몇백 년 전 사람들과 대화를 나눌 수 있다는 것은 과장이라 해도 할 수 없다. 그러니 책을 읽으면 읽을수록 그만큼 다른 세상이 나에게 열린다는 것은 거부할 수 없는 진실이다.

> *"어느 날 한 권의 책을 읽었다.*
> *그리고 나의 인생은 송두리째 바뀌었다."*
> 오르한 파묵의 〈새로운 인생〉

나는 오늘도 책장을 넘기며 새로운 인생을 만난다.

PART 4 ──────────────────────

다시 돌아온 제주,
다시 시작한 요가

조미란

제주에서 태어나 서울에서 살겠다는 일념으로 제주를 탈출했다. 한 공공기관에서 홍보 기획 업무를 오랜 시간 해오다가 고향 제주로 다시 돌아와 정착을 준비하고 있다. 앞으로의 삶은 성공보다는 재미를, 경쟁보다는 협동을, 생각보다는 몸을 우선시하는 자세로 살고자 한다. 제주에서 요가를 하고 북클럽을 꾸리는가 하면, 농사를 배운다는 핑계로 흙놀이를 하고 있다.

프롤로그

　요즘은 알람이 울리지 않아도 새벽 5시면 저절로 눈이 떠진다. 그때부터 새들이 지저귀기 시작하는데, 대여섯 종류의 새들이 한꺼번에 합창을 해대는 통에 잠을 깨지 않을 도리가 없다. 가끔 나의 숙면을 방해한 새들이 야속하기도 하지만, 나는 이 순간이 참으로 행복하다. 집 밖으로 나와 가장 먼저 하는 일이 있다면 한라산을 바라보는 것이다. 산이 얼마나 선명하게 보이는지 구름이 얼마나 꼈는지를 보며 그날 하루를 짐작해 본다. 제주에 사는 많은 사람들은 이 말에 공감할 것이다.

　제주에 내려온 지 딱 1년이 되었다. 그 시간 동안 높은 빌딩과 빽빽한 건물들을 벗어나 자연 속에 있는 것만으로도 내면의 자유와 평화를 얻었다. 제주에 와서 가장 먼저 집중한 것은 요가 수련이다. 망가진 몸을 회복하는 게 급선무였다. 동시에 평생 데리고 살아야 하는 내 몸을 제대로 배워보기로 결심했다. 그 시작에 해당하는 1년간의 요가 수련 경험을 매우 간단하게 글로 적었다. 이 글은 요가 수련을 다시 시작한 시간에 대한 기록으로, 앞으로 10년, 20년 후 몸의 변화를 짐작케 하는 기준점이 되어주리라 생각한다. 나이가 들어도 지금보다 더 단단하고 유연한 몸을 갖게 되길 바란다.

　몸과 함께 돌보아야 하는 것은 바로 내 주변이다. 나는 여태껏 나, 고작해야 가족 정도를 챙기는 데 급급해 왔다. 그 이상으로 시야를 넓히기에는 시간이 부족했고 마음의 여유가 없었다. 부족한 시간을 돈으로 해결하려 할 수록 점점 더 시간은 부족해졌다. 제주에 내려온 이유 중 가장 큰 부분이 시간이었다. 시간이 생기자, 마음의 여유도 생겼다. 동료들이 안부를 물어올 때 나는 '행복한 거지'라고 답을 했는데, 그 말이 은근 마음에 들었다.

나는 제주에서 얻은 시간을 잘 배분해서 쓰는 훈련 중이다. 나를 위한 시간뿐만 아니라 이웃과 함께하는 시간, 아이와 노는 시간, 공동체 활동에 참여하는 시간 등으로 말이다. 제주에서 지내는 순간순간이 너무도 재미있는 놀이 같다. 언제 이렇게 진심으로 의미를 가지고 재미있게 놀아봤나 싶을 정도다. 그러고 보니 내가 입버릇처럼 했던 '행복한 거지'라는 말도 이제는 바꿔야겠다. 나는 충분한 시간을 가진, 그리고 이번보다 더 많은 친구와 이웃과 사랑을 가진 '행복한 부자'라고 말이다.

01 오래전, 왼쪽 날개 끝이 부러졌다

> 과거의 노예가 되지 마라.
> 장엄한 바닷속으로 뛰어들어라.
> 깊이 잠수하고, 먼 곳까지 헤엄쳐 가라.
> 그러면 새로운 자존감, 새로운 힘,
> 차원 높은 경험과 함께 돌아오게 될 터이니.
> - 랠프 월도 에머슨

촘촘한 그물망 사이로 어렴풋이 커다란 물체 하나가 보인다. 웅크리고 앉은 모습이 마치 내가 TV를 볼 때 자세와 같다. 저게 독수리구나. 독수리를 처음 마주한 나는 두 번 놀랐다. 먼저, 몸집이 상상했던 것보다 훨씬 우람했다. 앉은 채로도 1미터는 족히 넘어 보였다. 날개를 양쪽으로 활짝 펴면 그 모습은 또 얼마나 멋질까, 눈앞에 그림을 그려본다. 그런 독수리가 발견된 곳이 내가 사는 곳과 그리 멀지 않은 제주시 조천읍 어느 숲이었다는 사실 또한 놀라웠다. 제주에 살면서 나름 깊은 자연 속도 다녀봤다고 생각했는데 독수리는커녕 그보다 작은 야생 새도 본 적이 거의 없기 때문이다.

우리 안에는 세 마리의 독수리가 있었다. 독수리들은 매서운 표정과는 달리 무척 유순한 자세로 가만히 앉아 있었다. 이들은 모두 날개가 다쳐 이곳에 머물게 된 새들로, 제주자연생태공원에는 독수리 말고도 다리가 잘린 노루와 불법 뜬장에서 구조된 반달가슴곰들도 함께 생활하고 있다. 동물들이 각자의 사연으로 상처를 입고 회복과 치유를 하는 이곳에서, 유독 독수리들에게 시선이 갔다. '하늘의 제왕'이라는 별명이 붙을 만큼 용맹함과 힘의 상징인 독수리가 새장 안의 사육새처럼 다소곳이 앉아 활기를 잃은 모습을 보며, "날개를 펼쳐 봐. 네 모습은 이게 아니잖아."라고 외치고 싶었다.

날개 끝부분 깃털 방향이 틀어진다든가 조금만 손상이 되어도 새들은 날기 힘들다고 한다. 그렇게 이곳 독수리들은 외형적으로는 두 날개를 다 가지고 있으면서도 날 수 없는 새가 되었다. 이제 날개는 그들의 '날개'가 아니라 그저 '장식'일 뿐인 걸까?

늦은 결혼과 출산을 거치며 40대를 맞았다. 언제부터인가 왼쪽 옆목과 그 선을 타고 내려와 겨드랑이 아랫부분까지 극심한 통증이 느껴졌다. 팔을 이리 비틀고 저리 틀어 봐도 통증은 심해질 뿐 나아지지 않았다. 나이 탓으로 돌리기에도 어느 특정 부위에 한정된 아픔이었다. 대체 무엇이 잘못된 것일까? 가능한 한 어깨를 펴고 가슴을 내밀고 다녀보기도 하고 목 부위 마사지를 받아보았지만 그때뿐이었다. 나는 엄살이 심한 편이다. 그래서 고통이 발생하면 최대한 빠른 시간 안에 그것을 제거해야지만 직성이 풀리는 성격이다. 당장 개인 PT를 등록했다. 그때부터 근육 단드는 운동을 시작했다. 어느 날, 낑낑대며 '랫풀다운(Lat Pull Down)'을 당기고 있는데 선생님이 내게 물었다. "새끼손가락 다친 적 있으세요? 전혀 힘을 주지 않고 있어서요." 나는 너무나 당연하게 '아니오.'라고 말하고 손가락 전체에 힘을 고루 줘야겠다고 생각하며 운동을 끝냈다. 헬스장을 나서는데 갑자기 "아, 내 손!"하는 외침과 함께 옛 기억 하나가 떠올랐다.

지금으로부터 15년 전쯤, 샤워를 하다가 갑자기 중심을 잃고 미끄러졌다. 하필 화분 용도로 사용하던 도자기 그릇 하나가 바닥에 놓여 있었는데, 왼손으로 그릇을 격파해 버린 것이다. 깊은 밤, 119 응급차를 타고 병원에 가서 전신마취 후 20바늘 가까이 꿰매는 큰 수술을 받았다. 이후 손가락을 움직일 수 있게 될 때까지 2달여간 재활치료를 받았고 그렇게 사고는 잊었다. 그때 날개 끝이 찢긴 나는 손가락을 최소한으로만 움직이고 본능적으로 힘을 주지 않으며 지내다 보니, 팔과 겨드랑이, 날개뼈와 목 근육까지 한쪽 날개 전체의 움직임이 불가능한 지경까지 와 버린 것이다.

내가 요가를 다시 시작한 것은 바로 이때, 과거의 상처가 현재에 고스란히 영향을 미치고 있음을 깨달은 시점이었다. 사실 20대 때부터 요가를 즐겨 했지만, 그때는 단순히 미용 또는 레저 개념으로 접근했을 뿐이었다. 지금은 다르다. 어깨는 돌처럼 굳어 버렸고 원래 일자 형태였던 허리는 하중을 완충하지 못해 언제나 통증을 달고 살았다. 골반은 오른쪽이 툭 튀어나와 틀어진 채로 지내느라, 한쪽으로 돌아가는 치마를 바로잡는 건 물론 한밤중 주먹을 쥐고 골반뼈를 두들겨대는 일이 일상이 된 지 오래다. 몸은 중심을 잃어버렸고 딱딱하게 굳어 버렸다. 몸뿐인가. 80세까지 산다고 가정했을 때 절반의 시간을 넘긴 지금, 내 인생 역시 중심을 잃어버렸고 화석화되어가고 있었다. 바로잡기 위해서는 뭐라고 해야 했다.

제주에 가기로 결심했다. 직장에는 휴직계를 제출했다. 제주는 '요가의 성지'라고 불릴 만큼 요가원이 많다. 그만큼 치유와 회복을 바라는 사람들이 제주를 많이 찾기 때문이 아닐까? 여러 곳에서 원데이클래스를 들어보고 나와 맞는 곳을 물색해 나갔다. 두 달 정도 방황한 끝에 한 요가원에 정착했다. 이렇게 내 인생 2막은 몸의 치유, 요가에서부터 시작하기로 마음먹었다.

처음 체험 수업을 들을 때 나는 열의에 차 있었다. 20대 때 한창 요가를 할 때에도 유연성과 흰이 좋다고 칭찬을 들어왔고 몸을 쓰는 일에는 어느 정도 자신이 있었기 때문이다. 하지만 몇 분 지나지 않아 나는 완전히 새로운 나-아니, 새롭다기보다는 정확히 퇴화의 방향으로 변화한 나-를 마주하고는 충격에 휩싸였다. 아니, 이게 내 몸이었어? 아닐 거야. 오랜만에 해서 그렇지 익숙해지면 예전처럼 잘할 수 있을 거야. 자존심이 허락하지 않았는지 동작을 어찌저찌 따라 했으나, 한 동작을 가만히 유지하고 있으면 내 정신력은 너무나 쉽게 무너졌다. '부장가사나(코브라 자세)'를 할 때였다. 팔을 쭉 편 채로 상체를 지탱하며 유지하는 자세였는데 아무리 기다려 봐도 제자리로 돌아오라는 구령이 들리지 않았다.

언제까지 가만히 있으라는 거야? 불평하는 생각이 마음에 들어온 후부터 평정심은 이미 깨어졌다. 그 화가 오른쪽 골반에서 터져 나왔는지 마치 초강력 물파스를 바른 것처럼 앞 골반이 화끈거려서 견딜 수가 없었다. 그나마 자신있게 해내던 동작인 '하누만아사나(앞뒤로 다리를 벌리는 자세)'를 할 때조차 1분 이상 유지하고 있으면 고통이 극에 달해 당장이라도 그만두고 싶지만, 속으로 비명을 질러대며 깡으로 버텨냈다. 내 몸은 그만큼 균형이 깨졌을뿐더러 마음과 정신은 평정을 잃은 지 오래였다는 걸, 요가를 하고 몇 분 만에 인정할 수밖에 없었다.

왼쪽 손바닥이 다친 일은 그저 우연한 사고일 뿐이라고 가볍게 넘겨 버렸다. 손가락을 잘 쓸 수 있으니 아무런 문제가 없다고 치부했다. 하지만 오산이었다. 그때 무참히 잘려 나간 근육들이 다시 붙는 과정에서 제자리를 잃었고 그 부작용이 팔과 날개뼈, 어깨까지 번져 나갔다. 이것은 단지 신체 일부 통증에 대한 신호가 아닌 매일 몸을 쓰는 습관, 더 나아가 근본적인 생활 방식에 대한 경고일지도 모른다는 생각에 미쳤다. 그렇다면 허리와 골반, 무릎 통증들은 어떤 습관에서 비롯된 것일까.

무엇보다 시급한 것은 내 몸을 배우는 일이라는 결론에 다다랐다. 그리고 나에게는 요가 수련이 몸을 배우는 데 가장 효과적인 도구이다. 나는 지금 '하타요가'를 수련하고 있다. 하타요가는 육체와 정신의 조화와 균형을 이루게 도와주는 수련법이다. 하타요가는 한 동작을 오랜 시간 깊게 유지하는 방식으로 수련하는데, 이 점이 가장 힘들었지만, 지금은 가장 매력적으로 여겨지는 특징이기도 한다. 내 삶은 그만큼 가만히 있지 못할 만큼 분주했고 중심을 잡지 못하고 부유하고 있었기 때문이다.

본격적으로 요가 수련을 한 지 9개월째 접어들었다. 여전히 어깻죽지와 뒷목은 불편하고 왼쪽 팔에 힘이 잘 들어가지 않는다. 손바닥에 힘을 줘야 할 때마다 볼록하게 두둑처럼 튀어나온 상처 부위는 걸리적거린다. 그럴 때마다 생태공원에서 만난 독수리가 떠오른다. 나 역시 그 독수리와 같은 신세일지 모른다고 생각하며.

독수리들이 회복을 위한 공간이 우리라면, 나의 몸을 회복하는 공간은 바로 요가 수련원이다. 이제는 날 수 없게 된 독수리와 나는 각자의 공간에서 과거의 상처를 회복하는 시간을 보내고 있다. 독수리는 목숨을 구했지만, 앞으로는 날지 못할 가능성이 크다. 나 역시 날개 끝이 부러진 후 날 수 없을지 모른다. 그럼에도 다시 날아보자고 끙끙대며 요가 수련을 하고 있다.

독수리 역시 말은 없지만 자신만의 마음으로 날갯짓을 수련하고 있을지 모른다. 다친 나를, 다친 독수리를 응원한다. 우리는 어떻게든 자신만의 방식으로 언젠가 날아오를 것이라고.

02 지구를 들어 올렸던 기억이 되살아났다

> 모든 배움은
> 원래 알았던 것을 기억하는 일이다.
> - 플라톤

"이번 주말에 서귀포에 있는 미술관 갈래?" 남편이 좋은 전시를 발견했는지 제안을 건넨다. 제주로 내려온 뒤 우리 부부는 매일매일 여행처럼 살아보기로 했고 부지런히 실천하고 있다. "그래, 좋아." 서귀포라면 이중섭미술관 정도를 생각했는데 생전 처음 들어보는 '왈종미술관'이란다. "무슨 좋?" 몇 번을 되묻고는 겨우 검색으로 정확한 이름을 알아냈다.

미술관은 정방폭포와 인접해 있었다. 작가 자신이 직접 디자인한 타원형 형태의 외관도 독특하거니와 건물 앞 정원은 거의 손을 대지 않고 자연에 가까운 모습이라 편하게 거닐 수 있었다. 건물 3층에는 명상실이 별도로 있었는데, 작가가 요가 수련이나 명상을 하는 공간 같았다. 아, 작가도 요가 수련을 한다고 생각하니 뭔가 동지애가 느껴졌다. 미술관에 들어서니 화사한 색감의 그림들이 눈에 띈다. 작품 속에는 자연과 사람, 동물이 한데 어우러져 사는 모습이 주로 담겨 있다. 언뜻 지상낙원과 같은 이상향처럼 다가오기도 했다. 꽃과 나무와 같은 자연 요소들은 크게 강조된 반면 사람은 그저 부분을 채우는 존재처럼 조그맣게 표현되어 있는 게 특징이었다. 그렇게 숨은그림찾기 하듯 찾아본 사람들 중에는 골프치는 사람과 요가하는 사람의 모습도 그림에서 찾을 수 있어 흥미로웠는데, 지구 위에서 '차크라아사나(수레바퀴 자세)'를 하는 사람을 그린 작품이 내 시선을 잡았다.

'차크라아사나'는 누운 상태에서 손바닥을 어깨 윗부분에 대고 손바닥과 발바닥만 땅에 댄 채로 바닥을 밀고 몸을 들어올리는 자세로, 완벽하게 자세를 취하면 수레바퀴 모양과 같다. 이 자세는 손바닥과 발바닥 전체에 고루 힘을 주는 동시에, 다리로 버티는 힘과 팔을 쭉 펼치는 강한 힘이 관건이다. 바로 서서 보면 우리 몸을 들어 올리는 자세지만, 위아래를 뒤집어 보면 마치 우리가 지구를 두 팔과 다리로 떠받치는 형상이기도 하다. 아마도 작가 역시 그 느낌을 그림으로 표현한 것이 아닌가 싶다.

'아, 나도 지구를 들어 올렸던 시절이 있었는데……' 하며 과거를 떠올렸다. 30대 초반까지 요가 수련에 꽤나 부지런히 임했는데, 그때 매일 같이 반복하던 동작 중 하나가 바로 '차크라아사나'였다. 선생님의 구령에 맞춰 누구보다 힘차게 두 팔에 힘을 불끈 주며 몸을 띄웠고 그렇게 팔과 다리로 지구를 번쩍 들고 있으면 세상 누구보다 강한 사람처럼 자신감도 같이 올라갔다.

하지만 그런 나는 지금 여기에 없다. 굳이 시간을 따지자면 7~8년쯤이 지났을까. 지금 다니는 요가원에서 '차크라아사나'를 시도해 보았다. 발바닥과 손바닥을 제 위치에 단단히 고정하고는 중간 단계인 살짝 몸을 띄워 정수리를 바닥에 대는 동작에서부터 뭔가 잘못됨을 느꼈다. '이상하다. 왜 팔에 힘이 안 들어가지?' 너무 오랜만에 했기 때문일 거라 마음을 다잡았다. 정수리를 떼라는 선생님의 구령을 듣고 다시 한번 팔에 힘을 꽉 주었는데, 어라, 내 몸은 꿈쩍도 하지 않았다.

뭔가 문제가 생긴 것이다. 그 사이에 무슨 일이 있었지? 내가 들기 힘들 만큼 지구가 무거워진 것일까? 그럴 수도 있다. 하지만 이 문제는 내 몸에서 비롯된 것이다. 정확히는 내 팔 근육이 전혀 힘을 쓰지 못하는 상황이었다. 퇴화에 가까운 변화를 받아들이기까지 시간이 필요했다. 처음에는 강하게 부정했다. '할 수 있어!'를 속으로 외치며 팔에 모든 기운을 쏟았지만, 아무 소용이 없었다. 당황스러웠고 조금 화가 나기까지 했다. '잘 하던 동작이 왜 안 되는 거야? 뭐가 잘못된 거야?'

나는 꼼짝 하지 않고 그림을 바라봤다. 나도 다시 지구를 들어 올리고 싶다는 간절함이 생겨났다. 그림 속 요가 수련자와 같은 유연함과 강인함을 가지고 싶다는 생각뿐이었다. 그 간절함을 담아 그림을 사진으로 찍었다. 집으로 돌아와서도 틈만 나면 사진을 들여다보았다. 비록 나는 하지 못하더라도 사진 속 누군가가 하는 '차크라아사나'를 보고 있는 것만으로 위안을 삼았다. 그리고 각오를 다졌다. 나도 그처럼 다시 꼭 해내겠다고.

바라면 이뤄진다고 했던가. 얼마 지나지 않아 꿈은 현실이 되었다. 여느 날과 같이 '차크라아사나' 준비 동작을 취했다. 이제는 체념한 상태라 욕심 내지 않고 손과 발, 그리고 정수리를 바닥에 대는 것까지만 해보자고 마음먹고 구령에 따라 동작을 따라했다. 그런데 이전과 다른 촉이 느껴졌다. 준비 동작을 하는데 이전과 달리 팔에 힘이 들어가는 느낌이 들었으며, 바로 그때 지구가 아주 살짝 꿈틀대는 그런 촉 말이다. 이번에 한 번 도전해 볼까? 발뒤꿈치를 바짝 들고 온 힘을 다해 팔을 펼쳤다.

이게 웬일인가. 거짓말처럼 팔이 쭉 펴지면서 내 몸은 천장 쪽으로 달려 올라가고 정수리가 가볍게 떠오르는 것이 아닌가. 오롯이 손바닥과 발바닥만으로 내 몸을 지탱하고 있었다. 그래, 이 느낌이었어! 오래전 지구를 들어 올렸던 바로 그때의 기분이! 너무 황홀해서 통증마저 느끼지 못할 지경이었다. 동시에 너무 당혹스러워서 뭔가 잘못될까봐 오래 유지하지 못하고 몇 초 만에 다시 내려왔다. 아무에게도 표현할 수 없는 희열이 나를 가득 채웠다. 이 날을 오래도록 기억하고 싶어 기록해 놓았다.

이미지를 보고 염원해 온 나의 마음 작용이 힘을 발휘했던 것일까. 그게 전부는 아닐 것이다. 그사이 나는 꾸준히 요가 수련을 했고 그때마다 '차크라아사나'를 하는 데 실패했으며, 그럼에도 수련을 포기하지 않았다. 요가에는 이 동작 하나만 있는 게 아니며 내가 하지 못하는 동작은 이것뿐만 아니라 수없이 많다. 다만 '차크라아사나'가 특별했던 것은 내가 이전에 가뿐히 했던 동작이었기 때문이다. 그리고 내 몸이 기억하는, 그러나 지금은 쓸 수 없게 된 어떤 근육이 이제 다시 기능할 수 있게 되었음을 자각하는 것은 다른 어떤 성취보다도 값지게 다가왔다.

비슷한 시기에 시작한 운전 연수에서도 이와 같은 경험을 했다. 나는 20년 무사고 운전자이다. 조금 더 자세히 말하자면, 20년 장롱면허 소지자이다. 면허를 따고 나서 운전을 한 횟수는 손가락에 꼽을 정도다. 중간에 연수도 받았지만, 실전에 적용하지 않으니 나의 것으로 받아들이지 못했다. 사실 제주에 내려오지 않았다면 평생 운전하지 않겠다던 나의 결심은 계속 유지되었을 것이다. 그러나 제주에서 6개월 정도 살아보니, 차를 운전하지 않고는 풍광 좋은 감옥에 사는 것과 다르지 않음을 깨닫게 되었다.

울며 겨자 먹기로 운전 연수를 신청했다. 첫 날에는 직진 코스에서 속도를 100km까지 밟아 보았고, 둘째 날에는 시내주행에 필요한 연습들, 마지막 날에는 주차를 배우는 것으로 연수는 깔끔하게 마무리됐다. 처음 2시간 동안 운전을 하고 땅에 발을 디뎠을 때, 마치 놀이기구를 타고 내려올 때처럼 구름을 걷는 기분이었다. 꿈인지 현실인지, 내가 운전을 한 건지 놀이기구를 탄 건지 어지러웠다. 그럼에도 3일 동안 나는 장족의 발전을 이뤘다. 선생님께서도 빨리 적응한다고 칭찬해 주셨는데, 아마도 20년 전 운전에 사용됐던 내 몸의 근육들이 희미하게 남아 있는 이전의 기억을 끄집어내어 다시 운전할 수 있는 몸 상태를 빨리 만들어 냈다고 생각한다.

나는 '차크라아사나'와 운전 연습, 이 두 가지 배움을 통해 신체의 기억력을 새삼 높이 평가하게 되었다. 나의 몸은 내가 행한 모든 경험을 기억하고 있다. 그것을 꾸준히 반복했을 때는 매우 선명하고 강하게, 드문드문 가끔 했을 때는 희미하고 하나하나 새겨져 있다. '하루를 쉬면 내가 알고, 이틀을 쉬면 남이 알고, 사흘을 쉬면 모두가 안다'는 말이 있다. 배우는 일은 이렇게나 정직하다. 속임이나 숨김이 없다. 그래서 매일 무언가를 배우려고 애쓰는 사람들은 세상에 대해 누구보다 솔직한 존재라고 감히 말하고 싶다.

그래서 지금은 '차크라아사나'와 친해졌느냐 하면 꼭 그렇지만은 않다. 어떤 날은 지구가 뚱뚱해졌는지 몸이 들리지 않고 또 다른 날은 지구가 가벼운 배구공처럼 느껴지기도 한다. 그럼에도 모든 동작 하나하나를 내 몸에 아주 천천히, 동시에 깊숙이 새겨가고 있는 것으로 충분하다. 내 몸 하나 배우는 일은 이리도 중요하고 정성스러워야 하는 일이다.

03 수리부엉이처럼 유연한 목을 가지고 싶어

수련에 충실하라.
그러면 나머지는 모두 따라올 것이다.
- 스리 K. 파타비 조이스

부엉이의 동공은 눈동자를 굴릴 수 있는 인간의 눈과는 달리 움푹 들어가 있으며 움직이지 않는다. 동공이 움직이지 않는 대신 부엉이는 머리를 앞뒤로 까닥거리거나 목을 270도까지 꺾을 수 있다. 결코 쉬운 일이 아니다. 흉내 내다가는 머리가 떨어질지도 모른다. (『올빼미와 부엉이(맷 슈얼 지음, (주)출판사 클, 2019)』57쪽 '분홍눈썹수리부엉이' 중에서)

아이가 새와 그 새가 낳은 알에 부쩍 관심이 많아졌다. 아이 취향과 맞을까 싶어 빌린 책을 읽고 있던 중에 부엉이의 목이 270도까지 돌아간다는 사실을 알게 되었다. 문득 호기심이 생겨 아이와 함께 목이 어디까지 돌아가는지 좌우로 비틀어 보았다. 최선을 다해 옆을 보아도 90도가 채 돌아가지 않는다. 인간의 신체로는 부엉이만큼의 회전이 애초에 가능하지도 않지만, 목을 유연하게 사용하고 싶은 마음은 요가를 하면서부터 더 강해졌다.

나는 늘 목이 불편하다. 머리와 어깨를 연결하는 세로선에 해당하는 근육이 종일 팽팽하게 잡아당긴다. 고개를 앞으로 숙여 근육을 늘려도 보고 뒤로 젖혀도 보지만 통증은 줄어들지 않는다. 그러던 어느 날 아침, 눈을 뜨는

데 목이 아예 꿈쩍도 하지 않았다. 좌우 스트레칭조차 할 수 없었다. 그냥 정면만 응시하면서 하루를 보냈다. 투명 깁스를 한 기분이었다.

앞으로 쭉 목을 가누지 못하면 어쩌지? 통증은 달고 살더라도 목을 움직일 수 없는 건 생활에 큰 불편으로 다가왔다. 조금만 옆을 보려고 해도 몸을 같이 돌려야만 할 정도였다. 그때부터 나는 '부엉이'와 같은 목을 가지고 싶다는 소망을 마음에 품게 되었다. 마치 인어공주가 인간의 두 다리를 가지고 싶어 하는, 간절하지만 이룰 수 없는 꿈과 같은 소망 말이다.

목은 몸통과 머리를 연결해 주는 부위로, 머리의 방향을 조절할 때 목을 사용한다. 두 눈 또한 머리 앞면 얼굴에 자리하고 있는데 아무리 동공을 좌우로 돌려봐야 시야 확보의 한계가 있다. 결국 우리가 자유자재로 원하는 방향으로 시선을 돌리기 위해서는 목의 기능이 원활해야 한다. 사실, 이 정도 기능은 굳이 요가를 하지 않아도 대부분 타고난다. 하지만 다른 근육과 마찬가지로 목 근육도 단련하고 부드럽게 만들어주지 않으면, 점점 더 가동 범위가 줄어들게 된다.

목이 유연하다는 것은 어떤 의미일까? 나는 건강한 목을 가짐으로써 삶의 시야를 더 넓게 확보하고 싶었다. 그것은 육체적 시야는 물론 정신적 시야를 포함하는 말이기도 하다. 목이 뻣뻣해져 점점 정면만을 응시하게 되는 내 몸을 바라보고 있으니, 기존에 알던 것만 고수하면서 다른 것에는 관심을 두지 않으려 점점 문을 닫는 내 정신이 겹쳐 보이기 시작했기 때문이다.

그렇다면 일단 신체를 단련하자. 요가 수련을 하면서부터 어떤 문제를 해결하려 할 때 많은 고민을 하기보다, 요가 수련에 좀 더 집중하는 습관이 생졌다. 몸을 단단하고 반듯하게 만들려고 기를 쓰다 보면 생각 또한 바로 잡힌다. 내가 할 수 없는 동작에 도전하기도 하고, 고통을 참고 견뎌내다 보면 어떻게든 시간은 흘러가고 고통도 끝이 찾아온다. 이런 경험을 반복하다 보면 다른 문제에서도 어떤 식으로든 해결되리라는 내면의 확신이 점점 강해진다.

오늘도 아픈 목을 부여잡고 동작 하나하나를 이어간다. 요가 동작에는 비둘기 자세나 뱀 자세, 고양이 자세, 소머리 자세, 물고기 자세 등 동물 이름이 붙은 것들이 꽤 많다. 목을 쓰는 것만을 위한 동작은 따로 없지만 한 자세를 취할 때마다 목의 위치가 있고 그에 따라 근육이 쓰인다. 가령 뱀 자세를 할 때는 고개를 한껏 뒤로 젖히는가 하면, 소머리 자세를 할 때는 고개를 깊이 숙여 무릎 사이로 집어넣는다. 고양이 자세가 물고기 자세를 할 때면 털을 바닥 앞쪽으로 쭉 빼어 목 앞쪽을 충분히 늘이고 좌우 비틀기 동작에서는 고개 역시 비트는 방향으로 쥐어짜듯 돌려주는 식이다.

세상의 중심은 내 몸의 아픈 곳이라고 했던가. 수련하는 내내 나는 부엉이를 떠올렸다. 목을 제대로 가누기 힘들어서인지 무슨 동작을 해도 목 상태에 신경이 쓰였다. 어떤 동물의 자세를 따라 하더라도 마지막에 목이 어느 정도 움직이는지 얼마만큼 버텨주는지 차분히 관찰했다.

그래봐야 도통 나아지는 게 없는 것 같았다. 목은 여전히 뻣뻣하고 굳어버린 근육들은 나를 놔주지 않았다. 유난히 기운이 나지 않던 어느 날, 비둘기 자세를 취한 채로 두개를 들어 하늘을 향하고 있을 때였다. 선생님께서 "미란님은 이제 천장을 보는 이상으로 목을 완전히 젖혔네요." 엥! 지금 나에게 하신 말씀 맞지? 요가 수련은 재주를 뽐내기 위해 하는 것이 아님에도 나는 여전히 칭찬에 목마른 수련생일 뿐이다. 선생님의 칭찬 한마디에 며칠 동안 끙끙 앓듯 품고 있던 목에 대한 고민의 무게가 확 내려앉는 것 같았다. 최소한 나의 시야는 천장 위 너머를 향하고 있음이 무엇보다 뿌듯했다. 여태 해온 수련이 헛되지 않았다는 걸 인정받는 기분이었다.

이게 다 부엉이 덕분인 것만 같았다. 부엉이처럼 목을 유연하게 쓰고 싶다는 바람으로 마음에 부엉이 한 마리를 품은 채 '부엉 부엉'하고 다녔으니 감정이입이 될 지경이었다. 부엉이는 목을 자유자재로 쓰는 거 말고도 눈싸움에서 절대 지지 않을만한 동그랗게 뜬 두 눈, 소리 없는 비행, 위엄 있는 자태 등 많은 매력을 가졌다. 그래서일까. 많은 나라의 신화와 전통에서 부엉이를 '모든 것을 보고 모든 것을 아는 존재'처럼 다룬다. 지혜의 여신 아테나 곁에 있는 새가 올빼미(외국에서는 올빼미와 부엉이를 'owl'로 부른다)이기도 하다. 부와 지혜의 상징이 바로 부엉이와 올빼미인 것이다.

다시 내 몸으로 시선을 돌린다. 목을 이쪽저쪽으로 돌리며 어디까지 볼 수 있는지를 하루에도 몇 번씩 점검한다. 여전히 뻣뻣하다. 언제가 될지는 모르지만 약한 근육이 단단해질 때까지, 뻣뻣한 근육이 부드러워질 때까지, 나는 부엉이를 떠올리며 요가 수련을 계속할 것이다. 그리고 이제 눈 감은 채 시각에 의지하지 않고 볼 수 있는 것들을 얼마나 제대로 보고 있는지를 생각한다. 요가에서 말하는 '제3의 눈(눈썹 사이)'을 또렷하게 뜰 수 있기를 바라며 조용히 명상에 잠긴다. 굳이 목을 쓰지 않아도 더 많은 것을 볼 수 있는 지혜를 갖게 되길 바라며. 무엇을 배우든지 그 배움의 최종 단계는 지혜를 터득하는 것이라는 생각이 든다. 내 마음속 부엉이를 늘 간직하며 살아야겠다.

04 늘 '진북'을 향해 흔들리는 '자북'의 자세로

> 인생에서 누릴 수 있는
> 가장 큰 특권은
> 자기 자신이 되는 것이다.
> - 조지프 캠벨

 # 누운 활 자세

　허리를 양손으로 받치고 골반을 한껏 천장 방향으로 밀어 올린다. 이제, 양 무릎을 모으고 한 다리로 지탱한 채 나머지 다리를 위로 쭉 뻗어 올린다. 양쪽을 반복한다. 너무 힘들지만, 아직 할 만하다. 무릎을 쭉 펴고 다시 다리를 모은다. 고통스러워서 빨리 내려오고 싶은 생각뿐이다. 골반을 제자리로 내리라는 구령에 이제 끝났나 보다 했더니 이번에는 손을 아까보다 더 바짝 당겨 등을 받친다. 온갖 인상을 쓰면서 끌려가듯 구령을 겨우겨우 따라 한다. 방금 전 한 대로 양 무릎을 모으고 한쪽 다리씩 차례로 뻗어 올린다. 죽을 것 같다. 선생님께서 동작을 두리하게 하지 말라던 말이 떠올랐다. 여기가 한계라면 이제 그만 쉴까, 생각하는데 내 시선에 옆 사람들이 들어온다. 속은 어떨지 모르겠지만 겉으로는 전혀 힘들지 않아 보인다. 그들을 보고 다시 마음을 다잡는다. 나도 할 수 있어! 이날을 끝으로 요가를 하지 않을 사람처럼 있는 힘을 다 짜내어 어떻게든 쫓아가 본다.

물구나무 자세

내가 가장 수월하게 할 수 있는 자세 중 하나다. 요가원 고수 중에도 물구나무서기가 되지 않는 사람들이 꽤 있다. 선생님이 이 자세를 말할 때는 내심 신이 난다. 야호, 내가 잘하는 동작이네. 구령보다도 앞서 '이것 봐라' 하는 마음으로 자세를 '짜잔' 하고 취한다. 물구나무를 서고 있어 시야가 확보되지 않지만 느낌으로 알 수 있다. 대다수가 나를 주시하고 있다는 것을. 그 시선을 즐기는 마음은 금세 무게감으로 나를 덮친다. 집중은 흐트러지고 흔들거리다 중심을 잃는다.

요가원에는 나 같은 직장인은 물론, 주부, 디자이너, 교사, 간호사 등 다양한 직업의 사람들이 온다. 요가를 시작하려고 체험 수업을 오는 사람과 함께 수련할 때는 내 자세에 더 신경이 쓰인다. 수련 선배(?)로서 모범을 보여야겠다는 아무도 요구하지 않은 책임감에 다른 때보다 더 집중한다. 그런다고 안 되던 동작이 하루아침에 완성되지 않고 오히려 잘 되던 자세도 긴장 때문인지 실력 발휘하지 못한다. 내가 원하던 모습은 이게 아닌데…….

수련생 중에는 요가나 필라테스 강사도 자기의 몸 단련을 위해 요가원을 찾기도 하는데, 과연 힘과 유연성에서 탁월함이 느껴진다. 그들 옆에서 수련할 때는 마치 '황새를 쫓아가다 가랑이가 점점 찢어져 가는 뱁새'의 심정이 된다. 요가 수련의 매력 중 하나는, 사람들과 함께 같은 동작을 하면서 서로의 리듬이 비슷해지는 동시에 나만의 리듬을 찾아가는 행위라는 것이다. 요가만 그럴까. 무언가를 배우고자 할 때 혼자 집중하는 것 이상으로 동료들과 함께하는 시간이 중요하다. 선생님과 친구가 모두 필요한 이유다. 친구는 나의 성장을 자극하는 존재가 될 수도 있지만, 친구를 너무 의식하다 보면 나를 잃어버릴 위험도 있다.

나의 '자북(magnetic north)'은 하루에도 수십 번 흔들거린다. 나침반의 기준이 되는 N극이 가리키는 북쪽을 '자북'이라 하는데, 이는 북극성의 방향인 '진북(true north)'와는 달리 미세하게 조금씩 변경된다. 배움의 최종 목표는 '진북'이고, 그곳을 향해 가는 과정의 모든 시행착오는 '자북'이라 할 수 있다. 이 흔들림이 하루뿐이랴. 인생 전체를 두고 나의 '자북'은 주변의 영향에 따라 쉽게 흔들렸고 그만큼 '진북'은 흐릿해졌다.

나는 요가 수련을 하는 동안 나 자신에 온전히 몰입하고 있는가, 아니면 주변 동료들을 의식하는 데 더 많은 에너지를 쏟고 있는가. 아무래도 후자인 것 같다. 학창 시절, 내가 받은 성적보다 더 좋은 점수를 받은 친구를 더 신경 썼다. 직장 생활을 하면서도 누군가 업무로 칭찬을 받으면 나도 그 이상으로 더 잘 해보겠다는 기를 썼던 적도 있다. 뭐 하나를 배우려 할 때도, 그것이 나의 흥미나 가치관과 맞는지를 따지기보다 타인이 보기에 그럴듯한 분야인지, 이익이 더 큰 일인지를 따졌다. 지금 생각해 보면, 배우는 사람의 자세와는 크게 벗어나 있었다.

호기심이 많은 만큼 나의 배움에 대한 '자북'도 남들보다 더 많이 더 자주 흔들렸다. 중학교 때 같은 반 친구가 우슈를 했는데 도복을 입고 보여주는 자세가 너무 멋있어 단짝 친구와 우리도 해보자고 덜컥 등록했다. 기본기를 익히고 '장권'을 겨우 익힐 때쯤 그만두고 말았다. 대학 시절에는 춤에 관심이 생겼는데, 마침 그때 재즈댄스 붐이 일어 학원에 등록해 몇 개월 열심히 댄스에 빠져 지냈다. 아일랜드라는 나라가 좋아 아이리쉬 하프와 켈틱 휘슬을 간단한 곡 하나를 연주할 정도로 배우기도 했다. 꼭 거북이처럼 아이리쉬 하프를 등에 메고 가던 기억이 생생하다. 어렸을 때 배우다 만 피아노를 다시 배워볼까 싶어 디지털 피아노를 떡 하니 구입해 몇 번 뚱땅거리다 지금은 고이 보관만 하고 있다(이제 아이를 위해 다시 시작해볼까 꿈틀대고 있다). 한창 커피에 빠졌을 때는 직접 양질의 커피를 내리고 싶은 마음에 바리스타 교육을 받았다.

그 어떤 것도 전문가 수준이 될 때까지 배우지는 못했지만, 다양한 교양을 쌓는 데는 도움이 되었다고 스스로 위안한다. 그리고 모든 분야의 전문가가 되는 것은 또 얼마나 피곤한 일인가. 더 배워볼 걸 후회하는 게 있는가 하면, 여러 번의 시도를 통해 진짜 내가 원하는 것이 무엇인지 방향을 또렷이 하는 데 도움이 되기도 한다. 결국 모든 시도는 내 삶의 자양분이 된다.

어느 날, 방을 정리하다가 10년 전 끄적인 메모를 발견했다. 내가 하고 싶은 것들의 목록이 적혀 있었다. 대략 7~8개 분야로 리스트를 만들었는데, 놀라운 것은 가장 최근에 적어 놓은 목록과 거의 흡사하다는 사실이다. 오랜 시간에 걸쳐 나란 사람의 외모도 생각도 바뀌었지만, 나의 본질은 변하지 않았음을 메모 한 장이 증명하고 있었다. 이것이 바로 내가 삶을 살아가는 동안 집중해야 하는 '진북'이 아닐까?

최근 들어 나의 배움은 '요가'와 '독서'로 초점이 모이고 있다. 몸을 알아갈수록 마음에 대한 인지도 명료해지는 요가, 지식과 지혜를 쌓으면서 그것을 몸으로 실천해 나가도록 동력을 부여하는 독서, 이 둘은 내 생활의 중심축이자 '진북'이다. 방향이 선명하니 주변에 의한 흔들림도 덜하다. 다른 것에 한눈 팔 시간도 여유도 없다. 이렇듯 '진북'을 발견하는 시간을 단축하는 데 요가와 독서가 큰 도움이 됐다.

오늘도 요가 수련을 했다. 처음 하는 동작인데 내가 잘 하고 있는지 궁금해서 살짝 실눈을 떠서 확인했다. 나와 앞사람, 누가 자세를 잘 취하는지, 남편은 이 자세가 어렵지 않은지……. 이런 생각에 휩싸이다 보니 집중은 완전히 흐트러졌다. 다시 눈을 감는다. 이번엔 바깥이 아니라 내 안으로 시선을 돌린다. 서서히 흔들림은 사라지고 나의 '진북'이 드러난다. 나는 그것에만 집중하면 된다.

누구나 내면에는 자신만의 '인생의 나침반'을 하나씩 품고 있다. 삶도 배움도 자신만의 '진북'을 찾아 끊임없이 흔들리는 과정인 것 같다. 지금의 이 떨림을 만끽하자. 그리고 진짜 나를 만났을 때의 고요한 평화를 즐기자.

05 정수리와 발끝이 만나기까지, 24년

> 배움에는 끝이 없다.
> 책을 읽고 시험에 통과한다고 해서
> 배움이 끝나는 것은 아니다.
> 태어나는 순간부터 죽는 순간까지,
> 평생이 배움의 과정이다.
> - 크리슈나무르티

안방 화장대 앞에는 현존 일력 하나가 놓여 있다. 제주에는 저마다 개성 넘치는 동네책방이 많은데, 연초에 방문했던 '바라나시 책골목'에 완전히 반해버렸고, 이 곳 사장님이 자신이 읽은 책에서 뽑아낸 문구들로 구성한 현존 일력을 출간했다고 해서 당장 구입했다. 매일 아침 얼굴에 로션을 바르며 그날에 해당하는 글귀를 읽곤 하는데, 4월 17일 문구는 이러했다.

"넘버 식스, 너 프리다이버야?"
"응."
"얼마 동안 숨 참을 수 있어?"
"6분!"
"인간이 그게 가능해?"
"응, 천천히 1초씩 늘리다 보면 누구에게나 그런 날이 와."
『삶이 나를 어디로 데려가든(김선영, 정신세계사, 2021)』

사람이 물속에서 6분 동안이나 숨을 참을 수 있다니! 그가 가진 능력에 한 번 놀랐고, 그것이 하루아침에 이뤄진 일이 아니라 1초씩 늘리다 보면 가능해지는 경지라는 통찰에 다시 한번 놀랐다. 이와 비슷한 말을 나는 요가원에서도 자주 듣는다.

요가 수련은 날마다 다른 동작들로 구성되는데, 그 중 거의 하루도 빼놓지 않고 수련하는 동작이 하나 있다. 바로 '부장가사나(뱀 자세)'이다. 어깨 또는 가슴 옆 바닥에 손바닥을 짚고 상체를 일으켜 유지하는 자세로, 고개를 들어 시선을 하늘로 향하고 무릎을 절반 구부리면 최종 자세가 완성된다. 선생님 말씀으로는 달인의 경우 정수리와 발끝이 만난다고 하는데, 물리적으로 그런 일이 일어날 수 있을까 의아했지만 그렇게 동작을 완성한 사람의 이미지를 보고는 믿을 수밖에 없었다.

초반에는 얼굴이 천장을 마주 보는 것도 힘들더니 계속 수련하니 고개가 잘 젖혀진다. 무릎도 부드럽게 잘 구부려졌다. 내심 '이러다 얼마 안 있으면 정수리와 발끝이 닿겠는데?'하는 근거 없는 기대를 품어 보기도 했다. 선생님이 이날 내 마음을 알아채신 건지, 내가 취한 자세를 사진으로 찍어 보내주셨다. 사진으로 확인한 나의 현실은 안쓰러울 지경이었다. 정수리와 발끝이 가깝기는커녕 30cm는 훌쩍 넘는 간격으로 서로 전혀 다른 세계에 머물고 있었다.

현실을 마주하고 나니, 수련 때 선생님이 하신 말씀이 새삼 떠올랐다. "정수리와 발끝이 만나려면 평균 24년이 걸립니다. 그때까지 열심히 수련하세요." 이 말을 들으면서 바로 나이를 계산하기 시작했다. 대충 60대 후반쯤이다. 당장 지금 안 되는 동작을 하는 것도 답답해 죽겠는데 24년이라니, 언뜻

PART 4. 다시 돌아온 제주, 다시 시작한 요가

놀리는 말처럼 들리기도 한다. 하지만 그날 이후로 나는 요가 수련을 포함해 무언가를 내 것으로 만들기 위해 필요한 시간에 대해 좀 더 인내할 줄 알게 되었다.

선생님은 수련생들이 어떤 동작을 할 때마다 늘 강조하신다. "무리하지 말고 오늘 1㎜만 더 늘린다는 마음으로 유지하면 됩니다. 1밀리미터라고 하면 아무것도 아닌 것 같지만, 이게 하루하루 쌓이면 동작이 완전히 달라집니다." 여기서 말씀하신 1㎜가 위에 나온 얘기의 1초에 해당한다.

하루 수련의 목표를 1㎜로 정해 놓으니 동작에 대한 부담이 많이 줄었다. 동시에 꾸준함에 대한 의지도 더욱 다지게 되었다. 이는 다른 것을 배우는 데도 많은 영향을 주었다. 하루아침에 많은 것을 하겠다는 욕심을 내려놓고 내가 할 수 있는 만큼 대신 쉬지 않고 하는 힘을 키우고 있다.

얼마 전 출간된 백희나 작가의 『알사탕 제조법』을 읽었다. 제목과는 다르게 책 첫 장면부터 요가 장면이 이어진다. 연세 지긋한 한 할아버지가 요가 달인들이나 할 법한 자세들을 무리 없이 해낸다. 이렇게 몸과 마음을 늘 깨끗하게 유지한 상태로 정성스레 만들어진 알사탕이야말로 진짜라고 말한다. 세상에나! 알사탕 한 알을 만드는 비법이 '요가'라니. 작가의 기발함에 놀라웠고 요가 정신을 공감할 수 있는 이야기라 반가웠다.

내 인생에서 영롱한 알사탕은 무엇일까. 하루하루 1㎜씩 성장하고자 하는 것은 어떤 알사탕을 완성하기 위함일까? 무엇이 되든 내 노력들이 농축된 하나의 알사탕을 얻는 그날까지 멈추지 않기로 다짐해 본다. 그림책 맨 뒷장에는 '추신'에 해당하는 문구가 나오는데 이러한 동작들이 잘되지 않을 때는 67세가 되었을 때 다시 한번 시도해 보라고 쓰 잇다. 위안이 되는 말이다. 나 역시 67세에도 요가를 하며 내 몸을 배워가고 있을 테니 말이다. 정수리와 발끝이 만나는 그날까지, 그 이후로도 평생 요가하는 할머니로 살고 싶다.

06 내가 배우는 것이 곧 나 자신이다

> 내가 어떤 사람이 될지는
> 내가 정한다.
> - 랠프 월도 에머슨

아이가 유치원에 다니기 시작하면서부터 태권도에 부쩍 관심이 커졌다. 처음에는 그냥 호기심이라고 넘겼는데 지속적으로 태권도를 배우고 싶다고 말하길래 얼마 전부터 태권도장에 보내기 시작했다. 부모 마음으로는 여자아이에게 발레를 먼저 맛보게 해주고 싶은 마음이 없지 않았지만, 아이는 발레를 단호하게 거절했다. 왜냐고 물으니 평소 치마를 입지 않는 아이답게 발레복을 입으면 부끄러울 것 같다나. 주 3회로 등록한 태권도를 매일 가고 싶다고 말하는 걸 보면 태권도가 정말 좋긴 좋은가 보다.

나에게도 비슷한 어린 시절 한 장면이 있다. 언니가 다녀서인지 피아노가 좋아서인지, 나는 피아노 학원에 너무 가고 싶어 부모님을 졸라댔다. 언니가 학원가는 길에 기어이 쫓아가서 배우게 해달라고 한참을 울고불고 난리를 치니, 하는 수 없이 선생님은 나를 피아노 앞에 앉혔다. 건반 위에 손을 쫙 펴보라는 말에, 있는 힘껏 손가락을 좌우로 펼쳤다. 선생님께서는 제 손이 너무 작아 보였는지, 1년 정도 손이 더 자라면 다시 오라고 다독였다. 결국 나는 그 시절치고는 너무나 긴 시간인 1년여를 손꼽아 기다린 후에 기어이 피아노 레슨을 시작한다.

누구에게나 자신에게 간절한 배움이 있다. 어리다고 취향이 없는 것이 아니고 나이가 들었다고 해서 열정이 사그라지는 것도 아니다. 하지만 직장 업무에 치이고 결혼과 출산, 육아 등으로 삶의 무게가 무거워지다 보니, 자연스레 배움의 영역은 뒷전으로 밀리고 말았다. 그렇게 취향도 열정도 점차 무뎌지고 나라는 사람도 희미해졌다. 20년 가까이 쉬지 않고 달려온 나 자신을 돌아보기 위해 선택한 휴직 1년, 나는 다시 배우는 사람으로 돌아왔다. 예전 같으면 지식을 쌓는 자기계발용 배움에만 관심이 있었다면, 지금은 나의 내면을 채워 나가고 삶의 지혜를 얻어 나가는 분야로 관심이 바뀌었다는 점이 달라졌다. 요즘 내가 배우는 것들은 다음과 같다.

요가

나는 배움을 주제로 글을 쓰면서 내 몸을 알아가기 위한 수련인 '요가'를 중심 소재로 삼았다. 20대 후반부터 요가에 관심을 갖기 시작했지만, 온전히 몰입하기보다 띄엄띄엄 내킬 때만 수련을 해왔으니 진짜 몸을 배우기 시작한 것은 2~3년이 채 되지 않았다. 내가 요가에 매력을 느끼는 점은 크게 세 가지로 나눌 수 있다.

첫째, 요가는 어떤 도구의 도움 없이 내가 가진 힘만으로 동작을 취한다. 물론 도구를 사용하는 요가도 있지만 내가 다니는 하타요가 수련장에서는 오로지 자기 몸만 사용한다. 근육을 늘리는 것도, 틀어진 골반을 바로잡는 것도, 한 신체 부위와 다른 부위가 맞닿아 서로 저항하는 힘으로 교정이 되고 내가 할 수 있는 모든 힘을 끌어내 근육을 끌어올리며 조금씩 신체를 변화시켜 간다. 요가 수련은 내 힘을 확인하는 동시에 힘의 한계를 받아들이는 시간이다.

둘째, 쓸모와 효용 여부를 떠나 '나'라는 존재 자체를 소중히 대하게 된다. 이전의 나는 누가 강요하지 않음에도 내가 쓸모 있는 인간임을 증명하려 끊임없이 달려왔다. 그래서 성과가 제대로 나지 않으면 누구보다 나를 자책하고 미워했다. 이제는 달라졌다. 온전한 '나' 자신을 사랑하는 마음은 물론 다른 사람을 대할 때도 그 사람이 어떤 이익을 줄까에 대한 여부보다 그 사람 자체를 소중하게 바라볼 만큼 내면이 넓어졌다. 이게 다 요가 수련 덕분이다.

셋째, 내면을 들여다보는 성찰이 익숙해졌다. 전에는 나의 시선과 모든 관심이 외부로 뻗어 있었다. 자연스레 나보다 더 나은 사람을 시기하거나 현재에 머물러 있는 나를 채찍질하기도 했다. 내 주관을 가진 것 같지만 어떤 결정을 할 때 사회적 시선이나 트렌드에 수없이 비교해 보는 것이 습관으로 자리 잡았다. 지금은 다른 어느 곳보다 나의 내면을 들여다볼 줄 안다. 실패할 때도 있지만 금세 흐트러진 자신을 다잡을 수 있다. 어떤 결정을 할 때 오로지 나의 마음과 상태, 능력 여부에 집중하려고 노력한다.

얼마 전 축구선수 손흥민의 아버지인 손웅정 감독의 책에서 "발밑에는 축구공이 있고, 손끝에는 책이 있잖아요."라는 문장을 읽었다. 나는 이 말을 살짝 바꿔 인생의 지침으로 삼고 있다. "발밑에는 매트가 있고, 손끝에는 책이 있다."

독서토론

그렇다. 내 손끝에는 항상 책이 있다. 독서를 과연 '배움'이라는 카테고리에 포함할 수 있을지 잠시 고민했다. 하지만 내 인생의 가장 큰 선생님은 '그동안 읽어온 책들'이라고 자신 있게 말할 수 있다. 책은 내게 거의 유일한 놀잇감이다. 별다른 취미도 없이 그저 심심하게 사는 사람임을 고백하는 말이기도 하다. 나는 궁금한 것이 생겨도, 배우고 싶은 것이 생겨도(운동과 요리 포함), 포털이나 동영상 검색보다 책 검색을 먼저 해본다. 이는 그저 오랜 습관 때문이기도 하지만 정보 생산자의 공신력이나 콘텐츠 제작에 쏟은 시간과 노력 측면에서 아직은 책에 먼저 손이 가는 것은 어쩔 수 없다. 그래서 사람들에게 종종 '책으로 배운 인생'이라고 자조적인 농담을 하기도 하지만, 그래도 이렇게 생겨 먹은 게 나란 사람이니 평생 책을 친구 삼아, 스승 삼아 살아갈 것이다.

그런 내가 1년 전 독서토론의 세계를 처음 경험했다. 독서를 하면 내면이 채워지는 느낌이 생기는데, 독서 경험이 어느 이상 넘어가면 읽을수록 헛헛함이 생겨났다. 왜일까 고민하다가 독서토론에서 그 답을 찾았다. 독서가 철저히 혼자만의 시간이고 사색이라면, 독서토론은 함께 서로의 생각을 주고받으며 더 큰 흐름을 만들어내는 소통이었다. 직장 생활을 할 때는 참여하고 싶어도 여유가 없어 독서토론을 하지 못했던 터라, 휴직 기간을 활용해 본격적으로 독서토론 리더가 되기 위한 훈련을 했다. 리더의 역할 중 가장 중요한 '논제 만들기'를 1년 가까이 배우면서 24권의 책에서 논제를 뽑아냈다. 논제를 만들기 위해 책을 읽으니 그냥 책을 읽을 때와는 집중도가 달라졌다. 또한 단순 독서를 할 때는 그저 마음에 드는 문구에 밑줄 치는 정도로 책을 기억했다면, 논제를 만들 때는 나보다는 타인의 관점에서 더 흥미로운 요소들에 대해 고민하게 되었다. 이렇게 배운 토론 요소들을 가지고 제주에서 다양한 독서토론 모임을 기획하고 있다. 나의 배움이 다른 사람들과의 '함께 독서'로 이어지고 내 생각을 더 확장하는 선순환이 너무나 매력적이라서, 앞으로의 독서는 토론을 빼고 여기하기는 어려울 것 같다.

자기돌봄

제주에 내려와 생활한 지 6개월쯤 지났을까, 저녁을 준비하다가 청년 엄마를 대상으로 하는 여성 경력잇기 프로젝트 <엄청난 가치>에서 참여자를 모집한다는 공지를 보았다. 새로운 경력에 가장 큰 관심을 가지던 터눈 나는 고민 없이 바로 신청했고 9개월의 교육과정에 함께하고 있다. 하브루타를 활용한 '자기돌봄' 시간을 통해 자신에게 끊임없이 질문을 던지고 함께 얘기를 나누며 실마리를 풀어나간다. 시간 관리와 글쓰기와 같은 삶에 필요한 요소들도 과정에 포함돼 있으며, 하반기부터는 실습 과정의 일환으로 마을 활동도 예정돼 있다.

이 프로젝트는 실용적인 기술을 익혀 취업을 연계해 주지는 않는다. 오히려 정반대로 개개인의 정체성을 발견하는 데 초점이 맞춰져 있다. '엄마'이기 전에 한 명의 '인간'으로서 각자의 삶을 되돌아보며 자신을 찾는 시간. 하루가 급한데 굳이 이런 시간을 가져야 하나 생각할지도 모른다. 하지만, 처음 엄마가 되어본 여성들이 그 과정에서 잃어버린 자신을 찾는 경험은 반드시 필요하다. 아이만큼이나 새롭게 태어난 자신을 알지 못하면 앞으로 해나갈 일들이 자신만의 커리어가 아니라 단순 일자리에 머물 수 있기 때문이다. 제주에서 만난 좋은 사람들과 열정 가득한 단체의 도움으로 나는 두렵기만 했던 '제2의 인생'을 즐겁고 조심스럽게 열어가고 있다.

농사

올해부터 텃밭 농사를 시작했다. '올바른농부장'이라는 단체에서 운영하는 텃밭인데 총 30개 팀이 함께 농사를 짓는다. 나는 서울에 있을 때도 조그마한 규모로 농사를 지어본 경험이 있다. 경험이라기엔 초봄에 샐러드 위주의 모종을 심고 여름이 되기도 전에 텃밭에 발길을 끊는 불량 농부의 생활에 불과했다. 그것도 경험이라고 모종을 심고 잡초를 메고 거침없이 이파리를 솎아내며 나름 부담 없이 농사에 빠져들고 있다.

농사에서 가장 큰 덕목은 '부지런함'이다. 이것은 '배움'의 덕목과도 맞아떨어진다. 흔히 하는 말로 '농작물은 농부의 발소리를 듣고 자란다'고 하지 않던가. 초보 농부일수록 물주기에 관심이 많고, 고수일수록 잡초 뽑기에 집중한다. 농사는 무엇보다 정직하다. 잡초의 상태를 보면 그 밭 주인의 부지런함 정도가 바로 파악되기 때문이다. 하루를 쉬면 자신이 알고, 이틀을 쉬면 잡초들이 알고, 일주일을 쉬면 이웃들이 안다. 이번 농사에서 내가 세운 목표는 '잡초 제거'다. 아직은 주 2회 이상 밭에 가서 틈틈이 잡초를 뽑아내고 있다. 호미로 밭을 툭툭 건드려 잡초를 뽑아내다 보면, 이 잡초가 머릿속 잡생각과 참으로 닮아있다는 것을 깨닫는다. 한 이랑의 잡초를 다 제거하고 나면 집안 대청소를 한 것처럼 마음과 정신이 개운해진다. 농사짓기를 통해 '부지런함'이라는 배움의 가장 큰 덕목을 몸에 익히는 한편, 내가 키운 신선한 농작물을 먹고 건강까지 챙기니 이것만큼 간단(?)하고 중요한 배움이 또 어디 있을까 싶다.

나는 이렇게 살고 있다. 하나하나 천천히, 그러나 꾸준히 배우는 삶. 내 배움의 목적은 많은 지식을 쌓아 내가 잘났음을 뽐내기 위함이 아니다. 무언가를 배울수록 늘 나의 부족함을 확인하고 그로 인해 겸손해진다. 나를 내려놓고 세상과 조화를 이룰 수 있는 사람이 되는 것, 이것이 내가 매일 배우는 이유다.

PART 5

기타 초보를 위한
매우 적극적인 안내서

한영운

문학이 막연히 좋아서 문예 창작을 전공했다. 그러면서 인생의 긴 시간, 내 멋에 취해 글을 써왔다. 차곡차곡 퇴적해 둔 화석 같은 글들과 새로운 갈망으로 다시 쓰는 글들을 뒤섞어 세상에 내놓는 중이다. 개인 저서로 <중국 드라마 읽어주는 여자>를 비롯해서 공저 <부모의 생각> 등을 출간했으며, 브런치에 글을 연재하며 소통 중이다.

프롤로그

공자님 말씀 중에 학이시습지 불역열호아(學而時習之 不亦說乎兒)라는 말이 있다. '배우고 때때로 익히니 이 어찌 즐겁지 아니한가.'라는 뜻이다. 정작 공부해야 하는 학창 시절에는 공부가 즐겁다고? 그럴 리가, 몇몇 잘하는 애들 얘기지 하며 이 말은 딴 세상 얘기 같았다. 그러다 나이를 먹으면 누가 등 떠미는 것도 아닌데 무언가를 배우기 위해 강의를 찾아다니고 돈과 시간을 쓴다. 때가 되어서야 배우는 즐거움을 알게 되는 것이다. 배움의 즐거움을 더 일찍 알았더라면 좋았겠지만, 공자님도 시기를 정해준 것은 아니니 어느 때고 배우는 즐거움을 안 것으로 됐다.

이번에는 뭘 한번 배워볼까? 노래? 요가? 서예? 도대체 뭘 배워야 내 맘에 쏙 들고 오래오래 할 수 있을지 고민했을 것이다. 먼저 배운 사람이 조목조목 장단점을 이야기해 주면 좋을 텐데. 오늘도 뭔가 배우러 가는 분들에게 도움이 될 만한 글을 쓰려고 한다. 물론 개인의 경험이 다 달라서 공감 가지 않는 부분이 있을 수도 있다. 그래도 나 말고 다른 누군가는 어떻게 느끼고 성장해 가는지 보는 것만으로도 도움이 되리라 생각한다. 나는 기타를 소재로 삼아보려고 한다. 누구나 한 번쯤은 배워보고 싶을 정도의 진입장벽이 높지 않은 종목이다. 기타의 테크닉적인 어려움과 쉬움의 문제보다는 기타를 배우면서 만나는 사람들이 좋아서 지금도 배우고 있다.

무슨 배움이든 산골짝에 홀로 앉아 도를 닦지 않는 이상 사람들과 만나게 되고 관계를 맺게 된다. 배움도 결국은 사람들 이야기로 귀결된다. 배움 자체의 목적도 있지만, 사람이 좋아서 계속 배우는 경우도 많다. 늘 좋은 사람만 있는 것은 아니지만 대부분 좋은 사람이 많다. 그래서 살만하다는 말이 저절로 나오는가 보다. 그래서 이제 기타와 사람에 관한 이야기를 시작해 보려고 한다.

01 오합지졸 대환장 파티

*기타는 작은
오케스트라이다.
- 루드비히 판 베토벤*

우리는 누구나 '악기 하나쯤은 다루고 싶다.'라는 소망을 품고 있을 것이다. 옛날 어른 남자들의 뒷주머니에는 하모니카가 장식처럼 꽂혀있었다. 휴대가 간편하고 음색도 좋아서, 썸 타는 여자에게 온갖 기교를 섞어 불어주면 열에 아홉은 반하지 않을 수 없었다. 그러다 1960년대 후반 송창식, 윤형주의 '트윈폴리오' 등장으로 통기타 열풍이 불며 통기타 전성시대가 찾아온다. 당시의 젊은 남자들 사이에서는 통기타 한두 곡쯤 연주하는 것은, 그야말로 선택이 아닌 필수였다. 텐트며, 먹을 것까지 바리바리 싸 들고 놀러 가던 시절에도 통기타는 그들의 어깨에 친구처럼 따라다녔다.

지금까지도 기타 연주는 다른 악기보다 입문하기 쉬워서인지 문화센터, 학교, 공공기관 등에서 강좌를 여는 곳이 많다. 나도 한 번쯤은 기타를 배워보고 싶다는 막연한 생각을 하고 있던 차였다. 어느 날 중학교에 다니는 아이의 학교에서 지역 주민을 위한 기타 교실을 무료로 연다는 공지가 올라왔다. '나도 이참에 기타 한 번 배워볼까?'하는 단순한 생각을 했다. 게다가 무료라고 하니 전혀 손해 보는 일은 아닌 것 같았다. 그러다 나중에야 알게 됐다. 그것은 욕망이며, 열망이었다는 것을. 왜 사람들이 기타를 배우다 중도 포기 열차를 타는지 알게 되었기 때문이다.

기타 수업 첫날이 되었다. 조금은 긴장되고 설레는 마음으로 교실로 들어섰다. 교실에는 이미 강사님으로 보이는 분이 공용 기타를 정리 중이었다. 아이들은 이미 몇 주 전부터 미리 기타 수업을 듣고 있었다. 그래서인지 강사님은 교실에 꽤 익숙해 보였다. 강사님과 어색하게 인사를 하고 맨 앞줄에 자리를 잡고 앉았다. 무슨 용기였는지 공부는 맨 앞줄에서 하는 게 도움이 된다는 나름의 신조가 있었던 탓이다.

우리의 K 기타 강사님으로 말하자면 키는 182센티미터에 늘씬한 몸매의 소유자다. 사실 정확한 키는 조금 친해지고 난 뒤에야 알게 된 사실이다. 단정한 양복 차림에 다정한 말투까지, 어색함은 온데간데없고 '나 기타 잘 배우러 왔네.'하며 속으로 쾌재를 불렀다. K 강사님의 이력은 특이했다. 이른바 한예종이라 불리는 한국예술종합대학교를 졸업했는데 전공이 미술 계열이라고 한다. 한예종 미술 계열 전공잔데 음악을 업으로 하다니, 과연 타고난 아티스트라고 생각했다. 무엇보다 나는 미술, 음악 이쪽과는 거리가 멀어도 너무 먼 사람이어서 강사님이 대단해 보였다.

뒤이어 기타를 배우겠다고 신청한 사람들이 교실로 들어오기 시작한다. 칠십 대의 멋쟁이 신사분, 개구쟁이 형제의 엄마, 우리 아이와 동급생인 엄마. 어라, 그런데 수업 시간이 다 돼가는데도 더 이상 사람들이 오지 않았다. '사람들이 말이야 첫날부터 지각에, 결석까지 좀 그러네.' 그런데 이런 나의 예상은 빗나가고 말았다. 지각이며 결석이 아니었다.

수강생이 딱 우리뿐이었다. 분명 정원이 열 명이었고, 다 채워졌다고 들었는데 이게 어찌 된 일인지 알다가도 모를 일이다. 어쨌든 기타 교실 수강생들은 나 포함 달랑 네 명이 다였다. 게다가 우리들은 기타라고는 이름만 들어본, 보기만 봤지 만져본 적도 없는 초짜 중의 왕초짜들이었다. 게다가 무료 수강 조건으로 12월에 있을 아이들 축제에 재능기부 형식으로 기타 연주 공연을 해야 한다는 조건이 달려있었다.

으악! 우리 넷이 공연이라니!

사람이나 많으면 엉망진창 내 기타 소리가 조금은 묻히려니 기대했던 희망은 저 멀리 날아갔다. 이런 생각은 나만 한 게 아니었을 것이다. 지금이라도 교실에서 탈출해야 하나? 아니면 다음 주부터는 일이 있다고 핑계를 대고 무한 결석을 해야 하나? 상황을 벗어나고 싶은 마음에 머리가 복잡해진다. 그러나 결국 〈쇼생크 탈출〉의 앤디 같은 탈출은 시도조차 못 해보고, 소수 정예 우리들의 오합지졸 대환장 파티가 시작되었다.

처음 안아본 기타는 다정한 애인처럼 착 감기는 것이 아니라, 뭔가 모를 어색함과 불편함이 동시에 밀려왔다. 이 자세가 맞나? 이래도 이상하고 저래도 어색한 것 같다. TV에서 봤던 멋진 기타리스트 오빠들은 몸에 딱 붙어 멋지기만 하더니, 내게 안겨있는 기타는 맞선에서 처음 만난 상대방의 아버지 같았다. 지금은 어느 정도 시간이 지나서(그래봤자, 일 년이지만) 기타 튜닝 정도는 능숙하게 한다. 하지만 처음 해보는 튜닝은 그렇지 않았다. 기타의 헤드머신을 위 또는 아래로 돌리는 두 가지 동작이 다였는데도 마치 팔 차선 도로를 만난 듯 복잡했다. 게다가 내 것도 아닌 공용 기타를 잘못 만지다 망가뜨리는 건 아닌지 하는 걱정도 한몫했다.

기타 헤드에 손가락 두 마디 크기의 튜닝기를 꽂고 각 음을 연주하면 진동수에 맞춰 바늘이 이리저리 움직이면서 음이 높은지 낮은지 표시해 준다. 음이 맞으면 바늘이 중앙에 오고 녹색으로 표시된다. 음이 맞지 않았다면 헤드머신을 통해 줄을 감거나 풀어서 맞추면 된다.

요즘은 핸드폰에도 기타 튜닝 무료 앱이 있어서 별도의 튜닝기가 없어도 편하게 사용할 수 있다. 기타는 가장 얇은 1번 줄부터 가장 두꺼운 6번 줄까지 여섯 개뿐이었는데, 한동안은 마치 수십 줄은 있는 것처럼 손가락이 갈 곳을 잃기도 했다. 사실 지금도 그런 경우가 종종 있다. 사람들이 기타 배우기를 호기롭게 시작했다 중도에 포기하는 가장 큰 이유가 줄을 누르는 손이 너무도 아파서다. 주변의 지인들에게 내가 기타를 배운다고 하자, 자기들도 예전에 배우다가 손이 너무 아파서 중도 포기했다는 사람들이 많았다.

우리가 배우고 있는 기타는 통기타로 6줄이 전부 스틸 현, 즉 쇠줄로 되어있다. 통기타와 비슷한 클래식 기타는 3줄은 스틸 현, 3줄은 나일론 재질이다. 처음 기타 줄을 누를 때 어느 강도로 힘을 주어야 하는지 몰라서 몸에 힘이 잔뜩 들어간 나머지 손가락 끝에도 힘이 과하게 들어갈 수밖에 없다. 그리고 뒤이어 어마어마한 통증이 손끝으로 따라온다.

차마 밖으로 소리를 지르지는 않았지만, 나도 모르게 얼굴이 말했을 수 있다. 나 아프다고. K 강사님은 처음엔 누구나 다 그런 시간을 겪는다며 위로의 말을 해준다. 아무리 그래도 아픈 건 아픈 거다. 강사님은 처음에 기타를 시작할 중학생 시절에 기타가 너무 재밌어서 손가락에 피가 날 정도로 연습했다는 말을 덧붙인다. 기타가 재미있다면 손끝 고통쯤은 아무것도 아니라는 말일 것이다.

강사님은 첫 연습곡으로 비교적 단순한 코드 진행이라며 안치환의 <사람이 꽃보다 아름다워>를 연습해 보자고 한다. 이 곡은 E, A, B7, A7 네 개의 코드로 구성된 정말 쉬운 곡이다. 게다가 주로 사용되는 코드는 E와 A다. '어, 할만하겠는데?' 그런데 아니다. 전혀, 할 만하지 않다. 왼손으로는 6줄 중 세 개만 콕콕 짚어서 코드를 잡고, 오른손으로는 자연스럽게 스트로킹을 하면 되는데 머리와 손이 따로 노는 바람에 내가 이렇게 바보 같았나 하는 생각이 절로 들게 한다.

가장 먼저 볼멘소리를 한 분은 칠십 대 신사분(A님)이다. 외손주가 이 학교에 다녀서 모집 공고를 보고 오랫동안 생각만 했던 기타를 배우러 왔다고 한다. 그런데 기타는 너무 어렵다며 역시 배움에는 때가 있는 거 같다며 푸념을 늘어놓으신다.

"저희도 만만치 않아요." 우리는 마치 이구동성 게임이라도 하듯 한 목소리로 외친다. A님은 정말 신사라는 말이 어울릴 정도로 멋쟁이시다. 영화 <킹스맨>의 콜린퍼스와 비교해도 손색이 없을 정도다. 유럽 여행 중 샀다는 베레모를 가끔 쓰고 오시는데 외모와 잘 어울린다. 남자 어른들은 잘 하지 않는 목 스카프도 멋지게 소화하는 분이다. 젊었을 적에는 훈남 소리 좀 들었을 정도로 미남형의 외모 소유자이기도 하다. A님은 공부도 잘했고 어지간한 건 다 잘하는 편이었는데 기타는 내 길이 아닌 거 같다며 가끔 한숨을 쉬기도 한다. 사실 저도 기타는 내 길이 아닌 것 같아요. 하하하

기타를 치려면 우선 손톱이 짧아야 한다. 특히 왼손 손톱은 기타 지판을 꾹꾹 눌러야 하기에 길이가 짧아야 한다. 손톱 길이가 조금이라도 길어지면 손톱이 지판을 누를 때 방해가 돼서 좋은 소리를 내기 어렵다. 오른손 손톱

의 경우에는 기타 피크를 사용할 때는 길이에 제약이 없다. 하지만 손으로 기타 줄을 뜯는 연주를 할 때는 오른손 손톱의 길이에 따라 음색이 달라지기 때문에 연주자 스타일에 따라 손톱의 길이가 달라지기도 한다.

개구쟁이 형제의 엄마(B님)도 기타를 들고 자리에 앉았다. 어색한 듯 기타 코드를 잡았는데, 문제가 생겼다. 열 손가락이 모두 정성스레 기른 화려하고도 아기자기한 네일아트로 치장되어 있기 때문이다. 손톱이 길다 보니 다른 지판이 같이 눌리거나 기타 줄을 잡기도 어려웠다. 손톱이 짧아야 기타 치기 좋다는 강사님의 권고가 있었지만, 오랫동안 예쁜 네일아트 손을 유지했던 걸로 기억한다. 기타 연주를 직업으로 삼을 것도 아니고, 나름 네일아트에 진심이라면 손톱을 싹둑 자르는 일은 쉽지 않았을 것이다. 여자들은 기분에 따라 머리 모양을 바꾸듯 네일아트를 하기도 한다. 오히려 기분 전환으로 덜컥 머리 모양을 바꾸고 후폭풍을 겪는 것보다는 복구가 가능한 네일아트를 선호하기도 한다.

"난 손이 너무 커서 기타 잡기가 너무 어렵네. 아이고, 또 틀리네." 아이와 같은 학년의 엄마(C님)의 목소리가 들려온다. 키도 크고 손도 발도 큰, 이목구비가 뚜렷한 그녀다. 목소리도 큰 편이서 저쪽에서 하는 말이 이쪽까지 다 들린다. 나중에 안 사실인데 여군장교가 되는 게 꿈이었다고 한다. 생김과 너무나 찰떡같이 어울리는 꿈이다. 그녀의 꿈을 들은 사람이면 격하게 고개를 끄덕이며 '맞네. 여군 되어야 했네.'하며 공감을 표한다.

또한 그녀는 손으로 하는 거의 모든 일에 능하다. 요리, 퀼트, 뜨개질, 운전, 각종 공예 등. 그랬던 그녀도 기타는 만만치 않은 모양이다. 그래서 찾은 핑계 아닌 핑계가 커다란 손이다. 나는 속으로 니 손은 너무 작아서 걱정인데, 어떤 코드는 잡아야 하는 줄의 간격이 넓어서 있는 힘껏 손가락을 벌려야 간신히 잡히기도 한다. 그러면 강사님은 "미국의 거구 연주자도 손이 엄청 큰데 잘하시는 분 많고, 초등생도 기타 잘 치니 손 크기 문제는 아닙니다." 하며 위로인 듯 위로 아닌 일침을 웃으며 날린다.

많은 일이 그렇지만 악기는 들인 시간만큼 실력이 는다는 것을 기타를 배우면서 뼈저리게 경험했다. 물론 타고난 감각이나 자질 등이 실력 향상에 도움이 되는 것도 사실이다. 그런데 음악적 재능이라고는 바닥에서 죄다 끌어올려도 발휘되지 않는 나 같은 사람은 어려움이 많다. 겨우 찾은 이유가 장비다. 왜 '장비빨'이라는 말도 있지 않은가? 그래서 덜컥 개인 기타를 가장 먼저 장만했다.

얼마나 친다고 기타까지 사냐는 사람도 있겠지만, 결과적으로 기타 구입은 가장 잘한 일이다. 여기에 보면대, 튜닝기, 발 받침대, 각종 기타 피크, 언제 쓸지도 모르는 카포까지 사들였다. 역시, 쇼핑은 즐겁다. 게다가 기타 수업에 꼭 필요한 것을 사는 거 같아 내심 뿌듯하기까지 했다. 아, 그리고 기타 관련 책자도 잊지 않고 신중하게 골랐다. 그런데 많은 경우, 안내서 등의 책은 제대로 활용하지 못하고 실패하기 일쑤다. 왕초보가 보기에는 너무 낯설고 어려운 용어에 냄비 받침으로 전락하지만 않아도 다행이다. 그런데 그 사실을 알면서도 뭔가를 배우려 할 때는 꼭 관련 도서를 뒤지고 있는 나를 발견한다.

시간이 흘러도 우리의 기타 실력은 나아질 기미가 안 보인다. 일주일에 한 번 45분 정도의 수업 시간으로는 오합지졸인 우리의 실력 향상에는 턱도 없었다. 사실 나머지 요일에는 각자 개인 연습에 시간을 들여야 했다. 그러나 열정도 책임감도 부족했던 우리들은 제자리걸음만 하고 있었다. 그러면서 A님과 B의 결석이 잦아졌다. 교실엔 두 명의 수강생과 강사가 집중 수업을 하는 경우가 많았다. 이 정도면 거의 개인 과외 수준이다. 그래도 출석을 열심히 한 덕인지 우리 둘의 실력은, 실력이라고 말하기도 민망하지만, E와 A 코드는 구분하게 되었고 단박에 잡을 정도는 되었다. 사실 이렇게 된 데에는 그녀도 나도 조금씩 집에서 연습한 결과물이었다. 매일 연습하니 안되던 게 되고 그러다 보니 기타가 좋아지기 시작한다 '어, 되네. 영, 안 될 것 같더니 역시 연습엔 장사 없네. 하하하.'

여름방학이 다가오면서 걱정이 생겼다. 이제 겨우 걸음마 수준인데 방학에는 기타 강좌도 휴강이다. 일주일에 한 번이지만 수업이 도움이 됐는데 혼자서는 게으름피울 지 불 보듯 뻔했기 때문이다. 2학기 공연 곡으로 자전거 탄 풍경의 〈너에게 난 나에게 넌〉을 한다고 한다. 그리고 전체적인 기타 연주 동영상을 단체 톡에 올린다고 했다. 멋지다! 그런데 저걸 우리가 할 수 있을까? 강사님은 방학 동안 연습하라는 말까지 덧붙인다. 이 곡은 〈사람이 꽃보다 아름다워〉하고는 차원이 다른 곡이다. 코드가 무려 아홉 개나 되었는데도 강사님은 반복이 많아서 그나마 쉬울 거 같다고 했다. 2학기 동안 열심히 하면 다 된다고 하시는 말이 도통 믿기지 않았다.

나는 여름방학을 슬기롭게 보낼 방법을 찾아야 했다. 한 달 동안 과외를 받아야 하나? 그런데 한 달도 과외가 가능한가? 강사는 어디서 찾지? 주변에 기타 좀 치는 지인은 없나? 하찮은 나의 기타 실력을 탓하며 온갖 궁리를 했다. 그러다 혹시나 하는 마음에 주민센터 강좌를 찾아봤다. 와, 있다. 있어. 심 봤다! 하나도 아니고 무려 두 강좌나 개설되어 있었다. 그중 한 강좌

PART 5. 기타 초보를 위한 매우 적극적인 안내서

를 등록하고 용기도 백배하게 수업 일을 기다렸다. 이렇게 해서 뜨거운 여름을 달굴 기타와의 2차전이 시작되었다.

02 사람이 꽃보다 아름다워

> 나는 기타의 화음을
> 매우 좋아한다.
> 그래서 여행 시에도
> 항시 벗처럼 함께 다닌다.
> - 니콜로 파가니니

 # 센터 적응기

  어르신들은 동사무소, 나는 주민센터, 지금은 행정 복지센터. 이름도 다양하게 불리는 이곳에 기타 강좌가 두 반이나 개설 되어있다. 한 곳은 직장인을 위한 야간반이었고 다른 한 곳은 오후 3시 30분부터 2시간 수업을 하는 곳이다. 사람들이 기타에 대한 열정이 대단하구나! 크지도 않은 주민센터에 두 강좌나 열린다니. 그동안 나도 나름 센터에서 이것저것 취미로 배운 것이 여러 개였는데 관심이 없어서인지 기타 강좌가 있는지도 몰랐다. 아는 만큼 보인다더니 일단 나하고 조금이라도 연관이 있어야 하는구나 싶었다.

  센터나 복지관은 저렴한 수강료에 자격 갖춘 강사님들이 수업하고 있어서 어른들에게는 그야말로 배움의 천국이다. 어떤 분은 일주일 내내 센터 수업을 요일별로 수강하거나 하루에 몇 개씩 수강하는 분도 있다. 배움 자체의 목적도 있지만 자연스레 사람들과 친해지는 계기가 되어서 친목의 역할도 상당 부분 차지한다. 예전의 어른들은 경로당이나 노인정에서 주로 친목을 다졌다면 지금은 센터나 복지관에서 배우며 친구들을 사귀는 경우도 많다.

첫 수업이 시작되었고 개인 준비물인 기타를 둘러메고 강의실에 들어섰다. 처음은, 설레기도 하지만 불편함과 묘한 긴장을 동반한다. 어리바리 쭈뼛대는 나에게 한 분이 오셔서 보면대 피는 법과 맨 앞줄에 앉으면 된다고 말해준다. 그런데 이 피고 접는 보면대는 어찌나 안 접히고 안 펴지는 지 몇 번이나 도움을 받아야 했다. 보면대 보관 장소는 커다란 리빙박스인데 이것은 우리 기타반에게 정말이지 요긴하게 사용되는 물건이다.

앉는 위치로 말하자면 그냥 줄 같지만 나름의 규칙이 있다. 맨 앞줄은 나처럼 6개월 미만의 초보 수강생. 둘째 줄은 1년 전후의 기타 좀 다루는 수강생. 뒤쪽 줄은 길게는 7년 이상의 베테랑도 있는 실력자들이 앉는 곳이다. 베테랑 줄은 강사님과 기타도 치고 노래도 부르며 연습이 가능한 분들이다.

겨우 기타 튜닝할 줄 알고, 코드 세 개 아는 나는 긴장된 마음으로 강사님이 오시길 기다린다. 큼직한 기타 가방을 메고 들어오는 강사님은 안경을 쓴 멋쟁이 중년 여성이다. 제법 큰 키에 다부진 몸, 뚜렷한 이목구비가 기타와 잘 어울린다. 소싯적에는 대학로에서 좀 노셨을 것 같은 분위기가 물씬 풍겼다. 스프링으로 제본된 7080 노래가 잔뜩 수록되어 있는 교재를 사라고 하시고는 대뜸 "기타 좀 쳐 보셨어요?" "아니요, 처음인데요." 꼴랑 코드 세 개 아는 거로는 안다는 말을 못 하고 처음이라고 답했다. "그럼, 기초부터 하셔야겠네요."

사실 내가 기타를 배우러 온 목적은 학교에서 기타 수업할 때 조금은 잘해 보이기 위해서다. 다니는 학원에서 좋은 성적 내려고 과외받는 그런 느낌이다. 나는 열심히 코드 잡는 법을 익혀가서 학교에서 뽐내고 싶었다. 그런데 그게 아니었다. 강사님은 도레미파솔부터 익혀야 한다며 피크가 아닌 손으로 연습하라고 한다. 그래서 얼마간 피크는 만져보지도 못했다. 내 목적인 코드 잡기는 여름방학이 끝난 후에도 할 수 없었다.

처음엔 강사님의 경상도 특유의 센 발음과 직선적인 말투 때문에 살짝 쫄았다. 괜히 배우러 왔나 하는 생각도 들었다. 그런데 지금은 내가 기타는 잘못 쳐도 강사님에게 제일 이쁨받는다. 너무 헷갈리는 6현부터 시작되는 '미라레솔시미'를 더듬더듬 그것도 엄청스레 틀려가며 열 시간 같은 한 시간을 보냈다.

한두 명씩 자리에서 일어나며 간식 시간이라는 말이 들린다. 까무잡잡한 얼굴에 반장님이라는 분이 문제의 리빙박스를 드르륵 끌어 가운데 놓자, 사람들이 삼삼오오 모여들었다. 리빙박스를 우리는 상이라고 부른다. "상 펍시다." 그러면 간식 시간이다. 음료, 빵, 과자 등을 나누어 먹으며 화기애애한 시간이 시작된다. 역시, 사람들은 먹으면서 정든다는 말이 괜히 생긴 게 아니다. 나도 긴장됐던 마음이 조금은 풀어진다. 신입이 왔으니 각자 소개 시간을 갖자고 한다. 나는 나이와 잘 부탁드린다는 말로 인사를 마쳤다. 단톡방에 초대되었고 기타 반의 일원이 되었다.

각자 인사가 끝난 후, 나도 어디 가서 밀리는 나이가 아닌데 기타 반 막내라는 사실을 알게 되었다. 많은 모임에서 거의 언니 소리를 들었는데 막내라니 뭐가 좋았는지 왠지 기분이 좋았다. 그래서 얼마 후 막내라는 이유로

총무가 되었으며 간식 구매 담당이 되었다. 강사님이 그래서 날 예뻐하시나? 먹을 거 잘 사 와서?

기타 반은 60대에서 70대 나이대가 많다. 강사님은 60대다. 강사님은 관리를 잘하셔서 그런지 60대로는 전혀 보이지 않는다. 강사님은 늘 활기차고 에너지 넘치는 분이다. 센터의 분들도 흔히 생각하는 할머니, 할아버지와는 다르다. 한 번도 그분들을 할머니 할아버지로 생각한 적 없다. 그만큼 활동적이고 본인 관리를 잘하신다. 센터에서 기타를 배우시는 분들은 기타를 친구처럼 여긴다. 집에서 심심할 때 기타를 치며 노래를 부른다고 한다.

센터는 특성상 여자들이 주로 수강하곤 하는데 기타 반은 남자 비율도 높다. 여자들은 나이 들어도 여기저기 갈 때가 제법 많다. 곰국(곰은 없는) 잔뜩 끓여 놓고 친구들과 여행 가기, 브런치 먹으러 가기, 커피숍에서 수다 떨기 등 할 일이 많다. 그에 비해 남자 어른들은 갈 때가 마땅치 않은 게 사실이다. 기껏해야 운동하거나 텔레비전을 보면서 시간을 보낸다. 간식시간에 남자분들은 유독 옛날이야기를 많이 한다. 그때의 표정은 향수에 젖어 이미 과거로 소환돼서 신이 나 있다. 그러니 기타는 옛날을 추억하기 위한 얼마나 좋은 매개일까?

기타는 아마도 그분들에게 친구 그 이상의 의미를 가질 것이다. 그래서인지 남자분들의 출석률은 유독 높다. 그렇다고 기타반 여자들이 기타를 좋아하지 않는 것은 아니다. 기타를 가장 오래 쳤고 잘 치는 수강생도 여자분이다. 기타를 치며 노래하는 모습은 정말 멋지다. 나도 언젠가 저렇게 할 수 있겠지?

나와 쿵짝이 가장 잘 맞는 kh님은 아들이 둘 있다. 어찌나 효자들인지 엄마는 아들에게 여자 친구가 생겼을 때 그렇게 질투가 났다고 한다. 물론 여자 친구는 아무 잘못이 없었다. 그냥 아들을 뺏기는 기분이 들어 엄청스레 속상했다고 한다. 나도 아들이 있는데 나중에 저런 기분이 들려나 하는 생각이 든다. 그러면서 덧붙인다. "우리 아들들이 효자라서 그런 거지. 말 억수로 안 들었으면 벌써 치아 뿌렸을기다." 그리고 kh님은 뭐든 잘하는 금손이다. 배운 지 일 년 만에 캘리그래피 대회에서 두 번이나 상을 탔다. 그림도 잘 그리고 글씨도 잘 쓰신다. 세련된 커트 머리에 늘 공주 복장으로 오시며, '나훈아 오빠야'를 억수로 좋아하는 kh님 늘 건강하세요!

'솔솔라라솔솔미' 〈학교 종〉의 계이름이다. 우리는 흔히 이 동요를 떠올릴 때 "거, 있잖아. 학교 종이 땡땡땡!"이라고 퉁 쳐서 부른다. 사실 나도 그렇다. 기본 중 기본인 국민 동요. 어설프게라도 멜로디가 되어 기타로 소리가 나오자 혼자 속으로 '나 천잰가?' 물론 그럴 리 없다. 쉬운 곡이라서 그렇고 강사님이 앞에서 콕콕 짚어주신다. 계이름 포를 눈으로 열심히 읽으며 〈학교 종〉을 몇 번이나 연습한다. 그러면서 애초에 기타 수강목적은 공연 곡 연습에 도움받을 요량이었는데 그건 틀린 것 같다. 마음을 비우기로 한다.

어떻게 해야 하나 고민하다, 하는 수 없이 혼자서라도 코드는 익혀가야겠다는 결론을 내린다. 동네 사람들에게는 소음으로 들릴 게 뻔해 미안하지만, 매일 코드 바꾸는 연습을 했다. 그러다 보니 코드 바꾸는 속도가 붙으면서 재미까지 같이 붙는다. '동네 사람들, 언젠간 멋진 곡으로 연주할 테니 조금만 참아주세요. 죄송합니다.'

기타 반 반장님은 항상 바쁘시다. 아마추어 사진작가 일을 하고 있다는데 어느 때는 한 분기 동안 두세 번만 출석하는 때도 있다. 그러면서도 어쩌다 한 번 오실 때 미안하다며 감자며 고구마를 삶아 오신다. 참 신기한 게 같은 재료라도 반장님이 삶아 온 게 그렇게 맛있을 수 없다. 무슨 비법이 있으신 건지, 이래서 손맛은 무시 못 하는 모양이다. 곁들여 가져오는 전라도식 매콤한 김치는 정말 환상이다. 모락모락 달콤한 고구마 위에 빨간 김치 올려서 한입 베어 물면 아, 이런 게 행복이지 하며 이 말이 절로 나온다. 가끔 단톡에 올리는 반장님 사진은 확실히 우리들이 찍은 사진과는 다르다. 사람들, 자연물까지 다르게 보인다. 앞으로 좋은 사진 많이 찍으세요. 그리고 앞으로도 맛있는 감자, 고구마 부탁드려요. 물론 출석이 더 먼접니다. 그래야 얼굴 볼 수 있잖아요.

강사님 교재 제일 처음 곡은 그 이름도 유명한 <오빠 생각>이다. '뜸북뜸북 뜸북새~' 이 노래는 C, F, G7 코드로 이루어진 곡이다. '코드 3개라 쉽겠네'라고 생각하면 큰 오산이다. 초보들이 잡기 어려운 코드가 두 개나 있기 때문이다. 그중 F코드는 난이도 상이다. F코드 잡다가 기타 치길 멈추는 사람들이 꽤 많다고 들었다. G7 코드도 1현과 6현 끝을 잡아주어야 해서 만만치 않다. 다행히 강사님이 약식 F코드를 가르쳐 주셔서 조금 쉽게 쳤지만 언젠가 정식 F코드를 익혀야 할 날이 올 것이다.

손톱 길이에 대해 말하자면, 배우는 단계의 곡들은 오른손으로는 기타 줄을 뜯거나 내리쳐야 해서 오른손 손톱은 긴 게 좋다고 한다. 반면 왼손은 코드를 잡아야 해서 짧은 게 좋다고 한다. 그럼 양쪽 손 손톱 길이가 달라야 하는데 어떡해야 하나 고민한 적이 있다. 그렇지만 이건 고민으로만 끝났다. 손톱을 자르면서 나도 모르게 양쪽을 공평하게 잘랐기 때문이다. 역시 습관이란 무섭다.

기타반에 다양한 나이의 연령대로 모이다 보니 호칭에 대한 기준이 필요하다. 강사님은 남자 회원분들한테는 성에 선생님이란 호칭을 넣어 부른다. 이 선생님, 최 선생님 등. 여자분들한테는 누구누구 씨라고 부른다. 강사님이 그렇게 부르시니 여자 회원들도 같은 방식으로 남자분들에게 00선생님이라고 부른다. 조금 더 친한 남자분들한테는 오빠라는 호칭으로 부르기도 한다. 같은 여자 회원들끼리는 00 씨라고 부르는 데 문제가 없어 보인다. 문제는 나였다. 나는 도대체 뭐라고 불러야 하지? 저기요, 이봐요, 이건 말도 안 된다. 버릇없는 호칭이다. 00 씨 이것도 안 된다.

그래서 한동안은 누군가를 부르는 일이 없었다. 직접 가서 말하면 해결되기 때문이다. 처음에 그렇게 고민되고, 어색하던 호칭의 문제도 시간이 지나가니 어느 정도 자리가 잡힌다. 친분이 쌓이고 나니 나도 남자분들한테는 00 선생님, 여자분들한테는 언니라고 부른다. 처음에는 이런 호칭들이 입에서 그렇게 안 떨어지더니, 이제는 자연스럽게 부른다. 아, 남자분들에게 시간이 해결해 주는 많은 것 중 하나다. 그리고 나는 이분들에게 총무님이라 불린다.

강사님이 우리에게 늘 강조하시는 부분이 있다. "여러분 통기타는 말이죠. 연주와 노래가 꼭 같이 돼야 의미가 있어요. 어느 정도 연주가 되면 노래를 필수로 같이 하셔야 돼요. 아셨죠?" 기타반에서 가장 오래 기타를 치신 es님은 노래, 연주, 다 되는 실력자다. 7년 정도 센터에서 기타 수업을 받고 있다고 하는데 나도 그 정도 시간이 가면 저 정도로 실력이 늘어 있겠지. 물론 착실한 연습이 뒷받침되었다는 전제가 있겠지만 말이다. cs님은 작은 키에 아담한 체구로 웃는 모습이 아주 귀여우시다. 그런데 기타를 치면서 노래하는 모습은 너무 멋져서 언니!하며 마치 스타를 눈앞에서 보듯 감탄이 절로 나온다. 조금만 기다리세요. 저도 노래하며 기타 칠 수 있는 날이 옵니다.

통기타는 언제부터 치게 된 것일까? 기타는 현재의 악기 중 가장 오랜 역사를 가진 것 중 하나이다. 고대 그리스의 '기타라'라고 불렸던 악기로 현악기의 기원이 되었다고 한다. 기타는 19세기 중반부터 20세기 초반까지 스페인 출신의 안토니오 데토로스의 창의성과 노력의 결과로 현대적인 형태로 발전하게 되었다고 한다. 기타의 종류에는 클래식 기타, 통기타, 일렉기타, 베이스기타, 우쿨렐레가 있다.

기타반 정원 12명 중에 반은 여자 반은 남자로 구성되어 있다. 그중 C님은 일단 칠십은 넘은 걸로 알고 있다. 남자들이라 나이 마구 공개하고 그럴 것 같지만, 은근 기밀 사항이다. 여자들은 나이를 물어보는 게 실례라는 인식이 있어 쉽게 묻지 않는다. 굳이 알고 싶어서 물어보며 이런 말을 먼저 듣게 된다.

"저 몇 살 같아요?"

그럴 땐 생각한 나이보다 일곱 살 정도는 깎아서 답해야 한다. "어머, 진짜 나 보기보다 나이 많아요. 하하하." 이게 여자들에게만 적용되는 게 아니라는 사실이다. 남자들도 한창 어릴 때는 나이 들어 보이고 싶지만, 그 시간은 길지 않다. 남자나 여자나 어려 보인다는 말을 듣는 게 가장 기분 좋다.

　C님은 처음 수업 들으러 왔을 때 귀찮아하지 않고 몇 번이고 보면대 피는 법을 가르쳐 주신 분이다. C님은 청바지를 즐겨 입고, 재미난 농담도 제법 잘해서 기타반 분위기 담당이다. 한창 일하던 시기에는 외국 출장도 많이 다녀서 간식시간에 그때 이야기도 많이 해주신다. 애써 부자연스럽게 꾸미지는 않지만, 늘 젊음을 유지하려 노력하는 모습이 보기 좋다. 그리고 매너와 친절함은 덤이다.

　센터에서 가장 눈에 띄었던 분은 E 님이다. 이유인즉슨 까만색으로 염색하지 않은 하얀색 머리칼 때문이다. 60대라고 알고 있는데 어떤 이유에서인지 염색을 하지 않았다. 남들은 한 살이라도 어려 보이려 까맣게 염색하는데 왜 그러신 걸까? 이유가 있겠지만 까만색 머리칼이었다면 10년은 젊어 보일 것 같아 내가 괜히 아쉬운 마음이 든다. 어려 보이고 싶은 욕망이 생기는 순간부터 나이 든 증거라는 데 나도 그 대열에 줄을 서기 시작했다. 간혹 동네에서 마주치면 항상 운동 중이라고 말할 정도로 건강 관리도 잘하신다. 말수도 별로 없는 남자분이지만 수줍고 다정한 미소로 맨 뒷줄에 중심을 잡으며 열심히 기타를 치신다.

　기타에서 코드란 화음을 뜻하는 말이다. 이것은 높이가 다른 세 개 이상의 음을 동시에 소리를 내는 것이다. 코드는 알파벳 대문자로 표기한 대표음인 근음으로부터 어떤 음정으로 몇 개의 음을 쌓았는지에 따라 이름이 달라진다. 코드를 잡는 손가락은 직각에 가깝게 세우고, 가능한 프렛에 가깝게 놓아야 좋은 소리를 얻을 수 있다. 알파벳의 음을 1도라 했을 때, 1도,

PART 5. 기타 초보를 위한 매우 적극적인 안내서

3도, 5도 순인 세 개의 음으로 이루어진 코드를 트라이어드라고 부른다. 기타에서 개방음을 사용하여 잡기 쉽게 만들어진 코드를 오픈 코드라 한다. 가장 많이 쓰이는 오픈 코드로 칠 수 있는 메이저 트라이어드는 C, D, E, F, G, A, B가 있다.

여름에는 갑자기 소나기가 세차게 내리는 날이 더러 있다. 이런 날씨에 기타를 메고 센터에 가야 할 때는 고민이 된다. 아무리 큰 우산을 써도 기타 전체를 보호하기는 힘들기 때문이다. 그래서 한동안 눈비를 막을 수 있는 기타용 우비나 가방이 하드케이스인 재질을 눈여겨보기까지 했다. 기타는 대부분 나무로 만들어져, 춥고 더운 날씨에 영향을 많이 받는다. 온도와 습도가 기타에 영향을 주기 때문에 관리해 주지 않으면 줄이 장력의 영향을 받는 넥이 순방향이나 역방향으로 휘게 된다. 이럴 경우, 운지가 힘들어지고 버징(줄이 떨리는 소리)이 생겨 연주가 불편하다.

한 달 남짓 되는 여름방학 동안 공연 곡으로 정해진 〈너에게 난 나에게 넌〉을 센터에서 어느 정도 익히겠다는 나의 야심 찬 계획은 이루어지지 않았다. 오히려 센터에서 나가는 진도에 맞추기 위해 두 가지 연습을 병해 해야 했다. 꾸준한 연습으로 〈너에게 난 나에게 넌〉의 코드를 90% 이상 숙지했고, 센터 곡도 처음보다 빠르게 익혀갔다.

총량의 법칙이라는 게 있다. 타고난 천재가 아닌 이상 누구도 이것을 무시하고 잘할 수 없다. 이 총량의 법칙은 공부에도 악기 연주에도 운동에도 모두 적용된다. 무언가 잘하고 싶다면 무식하게라도 양을 채워야만 알게 되는 것들이 있다. 기타가 그중 하나다. 뜨거운 여름, 이 진리를 다시 한번 깨닫는다. 이 연습 총량의 법칙을.

03 Show Must Go On!

> 기타는 훌륭한 악기다.
> 그러나 그 훌륭함을
> 아는 사람은 드물다.
> - 슈베르트

공연을 향해

　9월이 되고 학교와 센터 기타 수업을 병행하게 되었다. 진도는 달랐지만, 양쪽에서 코드 잡는 연습이 돼서 코드만큼은 자신감이 붙어 있었다. 학교에선 여전히 두세 명의 출석으로 12월에 있을 공연에 대비해야 했다. 처음에는 맞선남의 아버지 같던 기타도 한 달은 만난 소개팅남으로 발전했다. 이제 막 좋아하기 시작해서 더 알고 싶어지는 그런 단계다. 손가락은 여전히 아팠지만, 그런 것쯤 참을 만했다. 손가락에 굳은살이 생겨야 덜 아프다는데 언젠가는 그날이 오겠지!

　통증을 줄이기 위한 최고의 방법은 힘 빼기다. 사실 힘 빼기는 기타뿐 아니라 어느 곳에나 적용된다. 치과 치료에서 나도 모르게 잔뜩 힘을 주고 있을 때 가장 많이 듣는 말이 "힘 빼세요."다. 의식적으로라도 힘을 덜 주면 덜 고통스럽다. 긴장하고, 불편하고, 잘 모르니까 모든 일에 힘이 들어가는 것이다. 그럴 땐, 더 연습해야 한다는 뜻도 된다. 나에게 주문을 걸어보자. 릴렉스, 릴렉스. 그리고 조금만 더.

방학 동안의 성과로 학교에서의 공연 곡 연습은 제법 잘 따라갔다. 완벽하지는 않았지만, 코드 전환이 어느 정도 되자 욕심이 났다. 과욕을 부린 것이다. 지금 생각해도 부끄러움으로 얼굴이 달아오른다. 그즈음 열심히 듣고 있던 노래가 있었는데, 영화 〈과속 스캔들〉에서 박보영이 라디오 오디션에서 기타 치며 부르던 〈아마도 그건〉이다.

왠지 내가 박보영처럼 할 수 있을 것 같다는 말도 안 되는 용기가 생긴 것이다. 이런 걸 흔히 객기라고 부른다. 나름 큰 용기 내서 강사님께 내 계획을 말씀드렸고, 곤란해하던 강사님은 곡 추가는 쉽지 않을 것 같다며 조심스레 나를 단념시켰다. 뒤에 벌어질 일은 꿈에도 모른 체, 용기백배했던 그날의 나를 반성한다.

기타에서 왼손은 코드를 잡고 오른손은 피킹을 한다. 단음 연주(멜로디)는 피킹, 2~3개 이상의 음을 동시에 연주하는 것을 스트럼 또는 스트로크라 한다. 이중 피킹이란 손가락을 사용하거나 피크로 줄을 튕겨 소리 나게 하는 것이다. 기타의 기본은 코드가 아니라 피킹이라고 말하기도 한다. 업 피킹, 다운 피킹을 순서대로 반복하는 것을 얼터네이트 피킹이라고 한다. 이 밖에도 이코노미 피킹, 스윕 피킹, 하이브리드 피킹, 핑거 피킹 등이 있다.

"이번 주부터 음악과 기타를 맞춰 보겠습니다." K 강사님의 이 말을 시작으로 나의 코드 잡기는 무용지물이 되었다. 강사님은 이제껏 우리 속도를 맞춰 기다려 주기도, 다시 하기도 했던 거다. 그러나 음악은 나를 기다려 주지 않는다. 기타를 처음 배우던 생초보로 다시 돌아갔다. 코드, 스트로크 모두 엉망진창 멘붕이 왔다. 음악과 맞추는 기타는 그야말로 딴 세상에 진입한 느낌이다. 제로부터 다시 해야 하는 걸 인정할 수밖에 없다. 이런 내가

〈아마도 그건〉이라니 가당치도 않은 것이다. 엉망인 박자부터 잡기 위해 메트로놈이 필요해졌다.

　곡과 더 친해지기 위해 〈너에게 난 나에게 넌〉을 반복해서 들었다. 처음 구구단을 외울 때처럼 질리도록 들었다. 한동안 눈, 귀, 손 모두 제각각 따로 놀았다. 그러나 이 상황을 극복하는 길은 연습뿐이었다. 한 번 하던 연습을 두세 번으로 늘리고, 집중하려 노력했다. 쉽게 좋아지지는 않았다. 나의 연습 총량은 얼마만큼 채워져야 하는 것인지. 인내심이 필요한 시간이다.

　이름만 들어도 아는 베토벤, 모차르트, 슈베르트, 바하 등 이 밖에도 많은 위대한 음악가들이 기타에 애정이 넘쳤다는 사실에 놀랐다. 그랜드 피아노에 앉아 위대한 곡들을 만들었을 것 같은 이들이 기타를 치며 곡을 만들고 연주했다는 상상만으로 신선하다. 기타가 이렇듯 시대를 넘어서는 악기라니 좋아질 수밖에 없다. 뭔가를 꼭 해야 할 때 시간이 빠르게 간다는 것을 실감한다. 시험이나 시합 등이 그렇다. 무더운 여름이 지나고 추석이 다가오면 가을에 접어든다. 달력에 연휴가 끼어있으면 두 배의 속도로 그달이 지나간다. 가을은 느낄 새도 없이 11월을 맞이한다. 나의 기타 실력은 아직도 미천한데 시간만 간다.

　주민센터에서 간식 담당 총무 자리는 확고히 자리 잡았다. 기타 진도도 부지런히 나가서 피크로 스트로크도 하게 됐다. 강사님들 마다 지도 방법이 달라서 코드부터 잡기 시작해서 기타에 흥미를 끌어 올리는 게 맞다고 생각하는 분이 있다. 무슨 소리냐, 무조건 기초부터 해야 한다며 음계 연습부터 시키는 분도 있다. 이 문제는 강사님과 수강생의 역량과 기준에 따라 달라지는 것 같다. 그런데 결론은 순서에 차이만 있을 뿐 두 가지 다 해야 제대로 기타를 잘 칠 수 있게 된다는 것이다.

센터 가는 날에는 수업 시간보다 일찍 가서 학교 공연 곡 연습을 틈틈이 했다. 코드와 곡 진행 순서는 거의 익혔지만, 악보가 눈앞에 있어야 마음이 놓인다. 아직은 온전히 내 것으로 만들지 못해서 그렇다. 센터 회원분들은 내가 기타 연습하는 걸 보시곤 잘한다며 칭찬도 해주신다. '아, 아니에요. 많이 틀려요.' 하지만 내심 기분은 좋다. 강사님도 일단 공연이 중요하니 앞 시간은 진도 나가고 간식 시간 후에는 공연 곡 연습해도 좋다고 배려해주신다. 아무래도 센터가 집보다는 연습하는 기분도 나고 여러모로 도움이 된다.

기타를 치면서 박자감, 혹은 리듬감의 중요성에 대해 새삼 깨닫게 된다. 음을 못 맞추면 음치, 박자를 못 맞추면 박치라고들 한다. 어느 글에서 '화려하고 멋지게 다양한 리듬으로 칠 수 있는 것보다, 아주 기본적인 리듬을 흔들리지 않게 치는 것이 더 중요하다.'라는 내용에 동감한다. 아마추어와 프로의 차이는 일정하게 템포와 리듬을 얼마나 잘 유지하는가에 따라 달라진다고 한다. 기타와 드럼에서는 이를 타임키핑(time keeping)이라 부른다.

12월이 되면서 학교의 오합지졸 4인 방인 우리에게도 묘한 긴장감이 감돌기 시작했다. 아, 큰일났다. 연습에서도 이렇게 틀리고 잘 안 맞으면 다가오는 공연에서는 도대체 어떻게 되는 거지? 강사님의 배려로 원래 수업 시간보다 일찍 와서 연습하는데도 그 시간은 정말이지 쏜살같이 흘러간다.

사실, 강사님은 우리를 보고 얼마나 걱정하셨을까? 아마도 본인을 대여섯 명 정도 복제하고 싶은 마음이 간절했을 것이다. 그 와중에 다행인 건 교장 선생님의 합류였다. 전부터 꾸준히 기타를 치셔서 우리보다 실력이 좋으시다. 넷보다는 다섯 명의 기타 소리가 더욱 크고 좋았다. 이런 걸 불행 중 다행이라고 하겠지.

아무리 우리가 오합지졸이어도 각자가 맡은 바에 대한 책임감은 있다. 나름의 개인 연습이 되면서 점점 실력이 나아졌다. 역시 무슨 일이든 닥치면 하게 되고, 마감이 있어야 뭔가 마무리가 된다. 적당한 긴장감은 노르아드레날린을 분비해서 뇌의 집중력과 판단력을 높여 으리의 수행 능력을 상승시키는 효과가 있다고 한다. 지나친 긴장만 경계한다면 절반은 성공이다.

센터에서 나는 맨 앞줄에 앉아 수업을 받는다. 6개월이 지나도록 신입이 없어서 계속 그 자리에 있다. 내 뒤쪽의 분들을 보면 스트로크 주법과는 다른 기타 소리가 들린다. 기타는 피크로 주로 연주하는 스트로크 방식과 핑거링으로 아르페지오를 연주한다. 아르페지오는 손가락으로 기타 줄을 하나하나 치는 것인데 소리가 아주 예쁘고 멋있다. 혹자는 아르페지오를 기타의 꽃이라 부르기도 한다. 강사님이 나도 조만간 아르페지오 진도 나갈 거라고 말하신다. 어려워 보이는데 어떡하지? 내가 할 수 있으려나? 그래도 배워보고 싶다. 이름도 예쁜 아르페지오.

아싸! 드디어 센터 기타반에 신입이 들어온다고 한다. 나도 드디어 맨 앞줄에서 벗어나 두 번째 줄로 옮겨갈 기회가 생겼다. "총무님, 신입 회원들 오시면 앞줄에 앉으라고 자리 알려주세요." "네, 네, 선생님." 신입이 온다고 특별히 뭐가 생기는 것도 아닌데, 괜스레 기분이 좋아져 웃음이 절로 났다.

센터 강사님은 내 실력이 맨 앞줄과 두 번째 줄의 중간 정도라고 하신다. 애매한 1.5줄 실력이다. 그래도 신입이 여러 명 오니 두 번째 줄에 앉아도 될 것 같다고 하셨다. 나는 다른 날보다 센터 수업에 일찍 갔고 위풍도 당당하게 두 번째 줄에 자리를 떡하니 잡았다. 얼마 후 낯선 얼굴의 네 사람이 들어왔다. 그중 두 분은 이전에 배웠던 수강생이었고 다른 곳에서도 기타를 치고 있다며 알아서 셋째 넷째 줄에 자리를 잡았다. 나와 kh님은 나머지 두 남자분에게 강사님이 맨 앞줄에 앉으시면 된다고 했다고 정말이지, 친절하게 안내했다. 잠시 후, 강사님은 두 분의 기타 실력을 점검하셨고 "총무님, 다시 앞으로 와야겠어요." 두 분 중 한 분만 나와 같은 초보 실력자고, 다른 분은 두 번째 줄도 아닌 맨 뒤인 네 번째 줄로 이동하는 모습을 지켜봤다. 그러면서 좀 전에 맨 앞줄로 자리를 안내한 나와 kh님은 마주 보며 누구랄 것도 없이 큰소리로 웃었다. 민망함과 멋쩍음이 섞인 웃음이었다. 다시 맨 앞줄로 왔지만 나는 성장하고 있다. 0에서 1로 그리고 1.5로 자랐다. 언젠가 나의 실력은 2가 되고 5가 되고 10이 될 것이다. 아자!

기타에는 잡는 방식과 기능에 따라 여러 이름으로 불리는 카포라는 기구가 있다. 이탈리아어로 '프렛의 머리'라는 뜻이며 카포 다스토(Capodasto)의 줄임말이다. 프렛과 프렛 사이 한 부분에 카포를 고정하면 전체의 음이 높아져 음을 쉽게 변화시킬 수 있다. 특히 전조(조옮김) 할 때 사용하면 편리하다. 구입만 하고 사용은 못 해본 카포를 조만간 사용할 날이 올 것이다.

신입인데 네 번째 줄 실력의 Y님은 본인 말로 치명적인 문제를 가지고 있었다. 기타를 잘 치는 것은 분명한데, 독학으로 음악을 들으며 연습하다 보니 악보대로는 못한다는 것이다. 악보 없이 귀로 들은 노래 음과 비슷한 소리를 내며 혼자만의 기타 연습을 해 온 것이다. 그런데 맨 뒷줄인 네 번째 줄은 개인 연습이 아닌 강사님과 노래와 기타 연주를 같이 합주하는 방식이다. 혼자 했을 때 Y님의 기타 연주는 그럴듯해 보였지만, 악보를 보며 하는 합주에서는 어려움을 겪는 것이었다. "기타 연주가 그냥 자기 멋에 좋아서 즐겁게 치면 되지 꼭 악보대로 쳐야 합니까? 선생님?" Y님은 연습이 뜻대로 되지 않을 때면 강사님께 여러 번 볼멘소리를 하기도 했다. "그냥 혼자서 즐기실 거라면 모르겠지만, 같이 맞춰서 하려면 악보대로 정확히 치셔야 합니다."

음악에서는 악보를 통해 음표와 리듬을 확인하고 음계 순서는 음악의 핵심이다. 음악 이론을 배움으로써 음악이라는 의미와 구조적 특성을 체계적으로 이해하고 지식의 폭을 넓힘으로써 표현과 감상의 바탕이 된다. 또한 악보는 보는 사람에게 정확하고 일관된 정보를 제공하고 악기를 연주하는 데 필수 도구다. 현대의 악보는 기호의 표준화와 규칙의 확립을 통해 발전해 왔는데 음의 높이, 음의 길이, 리듬, 음악적 표현 등을 표기하는 다양한 기호와 규칙을 포함하고 있다.

악보 사건 후 K 강사님과도 이야기를 나눴다. K 강사님은 개인적으로 악보는 요리의 레시피와 같은 개념이라고 했다. 같은 레시피라도 요리사마다 맛이 완전 똑같을 수는 없듯이 음악가들의 해석과 감성, 연주 기량에 따라 큰 차이를 보이므로 악보의 음표는 최대한이 아닌 최소한의 의미로 여겨야 한다는 말도 덧붙였다.

학교와 센터를 오가며 막바지 연습에 집중한다. 차디찬 겨울, 날짜는 흘러 대망의 공연일이 다가왔다. 12월 마지막 금요일 연말 감성을 느낄 새도 없이 공연 생각이 머릿속이 가득했다. 게다가 우리가 오프닝 무대였다. 매도 먼저 맞는 놈이 낫다는 속담을 위안 삼아본다. 시간이 없다는 이유로 리허설도 한 번뿐이었다.

"지역주민 기타 올라오세요."
'도망갈 순 없겠지? 제발, 틀리지만 말자.'

허둥지둥 올라간 무대 위는 화려한 조명 탓에 딴 세상처럼 보인다. 마치 무대에 혼자 있는 것 같다. 4분도 채 되지 않는 시간에 가해지는 압박감은 오히려 나를 선명하게 만든다. 틀리지 않고 첫 박에 들어간다. 코드를 생각할 여유 따위 없다. 손가락이 이끄는 대로 몸을 맡긴다. 한순간이라도 다른 생각을 하면 무대를 망치게 된다. 관객은 몰라도 본인은 작은 실수라도 안다. 프로든 아마추어든 잘하고 싶은 마음뿐이다.

1절이 끝나고 2절이 끝난다. 박수 소리와 함성이 들린다. 격려의 의미다. 아무렴 어떤가? 드디어 끝났는데. 나도 지금부터 아이들의 공연을 즐겨야지. 나도 격려의 의미를 담아 아이들의 공연이 끝날 때마다 손이 아플 정도로 박수를 쳐준다. 공연이 끝난 후, 공연이라 부르는 것조차 민망하지만, 오합지졸 사인방의 표정엔 뭔가 모를 뿌듯함과 안도감이 섞여 있다. 입 밖으로 말하지 않았지만, 무대를 하고 난 후 한 뼘 정도는 성장한 걸 느낀다. 이 기분을 느끼기 위해 시간과 마음을 들여 연습했다는 것을 알게 된다.

그때 누군가 말한다.
"우리, 내년에 또 할까?"
그렇다!

나의 기타는 우리의 기타는 계속되어야 한다.

Show Must Go On!

04 음악을 해석한 글쓰기

음악은 남자의 가슴으로부터 나와
여자의 눈물을 자아낸다.
- 베토벤

Part 1

천재 음악가 모차르트와 어깨를 나란히 하며 음악의 신이라 불리는 베토벤이 남자의 가슴이네, 여자의 눈물이네, 하는 말을 남겼다는 것이 무척 신선하다. 세상과는 다소 동떨어진 사람이었을 같은 베토벤도 우리와 같구나 라는 생각이 들며 친근감마저 든다. 우리나라 개화기 시대에 가장 먼저 소개된 서양 음악가가 베토벤이라고 하는데 상투 튼 조상들은 그의 음악을 처음 들었을 때 어떤 느낌이었을까? 괴상망측한 소리라 폄훼했을 수도 있고 아니면 감동받은 나머지 눈물을 흘렸을지 모른다.

음악은 그 옛날부터 우리 삶에 없어서는 안 되는 친구다. 요즘은 애 어른 할 것 없이 귀에 이어폰이나 헤드폰을 꽂고 다닌다. 간혹 영 단어를 공부하는 사람도 있겠지만 대부분은 자신이 좋아하는 음악을 들을 것이다. 이어폰이 불편한 어르신들은 효도 라디오라 불리는 휴대용 음악 기기를 들고 다니며 좋아하는 트로트 음악을 큰 소리로 들으며 동네를 누빈다.

기타를 배우면서 음악에 관심이 더 커졌다. 예전에는 단순히 듣는 걸로 만족하며 좋다 혹은 별로다 라고만 생각했다. 그런데 이제는 어떤 악기들로 연주된 건지 혹은 이 곡을 기타로 치면 어떻게 들릴까도 생각한다. 아직은 자유롭게 기타를 연주칼 수 있는 수준은 아니지만, 하나씩 하나씩 배우고 있다.

노래로 부르는 가창곡과 악기로 연주하기 위한 연주곡이 있다. 음악이 좋아지면서 나도 음악을 만드는 데 참여할 수 있는 길이 있는지 고민했다. 어떤 노래를 들으면서 감동하고 눈물 흘리는 것은, 곡과 가수의 영향도 있지만 잘 써진 노랫말 때문이기도 하다. 음을 만드는 일은 다시 태어나야 할 것 같고, 가사를 쓰는 일은 가능할 것 같다. 물론 쉬운 일은 아닐 것이다. 누구나 쉽게 할 수 있다면 전문 작사가가 있지도 않을 테니까.

버즈의 노래 중 〈나에게로 떠나는 여행〉을 유독 좋아한다. 곡도 좋지만, 그야말로 가사가 귀에 꽂힌다. 한경혜라는 작사가가 쓴 노랫말인데 기가 막히다. 이 밖에도 김태영의 〈혼자만의 사랑〉, 김건모의 〈사랑이 떠나가네〉, 김종서의 〈아름다운 구속〉 등을 작사했다. 이 밖에도 수많은 인기곡의 작사가다. 그녀의 책 〈한경혜 작사가의 작사가가 되는 길〉 서문에서 가사는 음악을 언어로 해석해서, 작곡 의도를 해치지 않고 노래 부를 수 있도록 써야 한다. 음악이 제2의 문법이 되고, 소재가 되고, 주제가 된다. 쓰고 싶은 단어, 문장을 마음대로 쓸 수 없는 '제한된 글쓰기'의 복합 장르 문학인 것이다. 라고 말한다. 또한 그녀는 가사가 귀로 읽는 문학이라고 표현했다. 그저 멜로디를 돋보이게 하는 게 아니라 가사를 문학의 한 장르로 여긴 것이다. 가사를 대하는 태도가 정말 진지하다. 그녀가 작사가로 데뷔하기까지 7년이란 시간이 걸렸다고 한다.

나도 얼마간의 시간이 걸려야 작사가라는 이름이 붙을지 모르지만, 무모한 도전이라도 해보고 싶다. 앞에서 언급한 총량의 법칙이 나의 가사 쓰기 도전에도 적용될 것이다. 언젠가 내 가사가 노래로 만들어지는 그날까지. 더불어 사람들이 내가 만든 가사를 흥얼거릴 그날을 기대하며

Part 2

저 푸른 바다 끝까지
말을 달리면
소금같은 별이 떠 있고

나는 사랑보다
좋은 추억 알게 될
텀블러 한잔에 널 털어버리고
이젠 나를 좀 더 사랑할거야
저 끓어 넘친 태양은 부글거리고

낡은 하모니카 손에 익은 기타

2005년에 발매된 그룹 Buzz의 노래 〈나에게로 떠나는 여행〉 중 가사 일부다. 좋은 가사의 표본을 보고 있는 듯하다. 눈앞에 바다가 펼쳐지고 스무 살의 민경훈과 여행하고 있는 느낌마저 준다. 새까만 밤하늘에 소금처럼 펼쳐진 별들을 보고 있노라면 세상 걱정과 근심이 작게 느껴진다. 사랑도 일도 고민도 도중에 멈추면 보이지 않을 때가 있다. 멈추지 않고 끝까지 가봐야 안다. 설령 원하던 결과가 아니라도 다시 시작할 수 있다. 그것이 청춘의 특권이다.

지금이야 텀블러가 환경친화적 물건의 대명사로 쓰이며 누구나 하나쯤은 가지고 있다. 2000년대 초반만 해도 텀블러는 지금처럼 대중적으로 쓰지는 않았다. 그런데 작사가는 이십 년 전 텀블러라는 단어를 썼다. 그때는 낯설며 신선했을 것이고 지금은 친숙하고 당연하다. 이 한 단어는 〈나에게로 떠나는 여행〉이 시간을 초월한 노래로 들리게 한다. 만약 텀블러 대신 당시에 쓰던 용어인 보온병이라고 했다면 지금 저 가사는 촌스럽게 느껴질 것이다.

누군가를 사랑할 땐 대게 나 보다 상대를 더 생각하고 마음을 쓰게 된다. 그렇다고 나를 덜 사랑하거나 팽개친다는 뜻이 아니다. 나는 나대로 나를 쭉 사랑해야 상대와의 사랑도 힘들지 않다. 인연이 다해 사랑이 끝나도 나를 사랑하는 마음을 놓으면 안 된다. 그래야 다음 사랑을 기다릴 수 있으니까. 하모니카든 기타든 악기 하나 친구로 만들면 사는 게 조금은 덜 심심해진다.

그대의 익숙함이 항상 미쳐버릴 듯이 난 힘들어.
당신은 내 귓가에 소근대길 멈추지 않지만
하고 싶은 말이 없어질 때까지 난 기다려.
그 어떤 말도 이젠 우릴 스쳐 가.

사랑했다는 말 난 싫은데 아름다운 것을 버려야 하네.
난 나를 지켰지 마치 아무 일도 아닌 것처럼
그동안의 진심 어디인가 버려둔 채
사랑했었나요. 살아 있나요. 잊어버릴까 얼마 만에
넌 말이 없는 나에게서 무엇을 더 바라는가.
슬픔이 나를 데려가, 데려가,

인디 밴드 언니네 이발관이 2008년에 발표한 앨범 '가장 보통의 존재' 중 〈아름다운 것〉 노래의 가사 처음과 끝부분이다. 언니네 이발관에서 보컬과 기타를 맡았으며 현재 작가로 활동 중인 이석원이 대부분의 가사를 썼다. 언니네 이발관의 곡 중에서 〈아름다운 것〉을 최고의 곡으로 꼽는 사람들이 많다. 이석원 자신도 이 곡을 가장 좋아한다고 알려져 있다. 이석원의 산문집 〈순간을 믿어요〉에 이런 글이 있다.

사랑이란
둘이 비슷하게 시작할 수는 있어도
동시에 끝낼 수는 없는 법.
그게 이 행위의 문제라면 가장 큰 문제다.

남자와 여자의 사랑에 대한 관점이 극명하게 갈리는 부분이다. 남자는 신선함에 끌려 사랑을 시작해 불타오르고, 그러다 익숙함이 느껴질 때 남자의 사랑은 서서히 막을 내린다. 그러나 여자는 호감에서 시작해 익숙하고 안정감을 느낄 때 사랑을 더욱 크게 느낀다. 남자와 여자가 생각하는 사랑에 대한 거리가 차이 나기 때문이다.

사랑했었다는 말은 지금은 마음이 끝났다는 말이다. 그런데 살아 있는지는 왜 궁금한 걸까? 여자가 사랑의 실연에 혹시라도 잘못된 선택을 했을까, 걱정이 돼서 그런 걸까? 걱정은 넣어 두시라. 시간이 약이라는 말이 있다. '슬픔이 나를 데려가, 데려가.' 이 가사의 슬픔을 시간으로 바꿔 시간이 나를 데려가라는 의미로 해석할 수 있다. 역시 시간만큼 좋은 약은 없다.

살면서 듣게 될까 언젠가는 바람의 노래를

세월가면 그때는 알게 될까 꽃이 지는 이유를

나의 작은 지혜로는 알 수가 없네

내가 아는 건 살아가는 방법뿐이야.

보다 많은 실패와 고뇌의 시간이

비켜갈 수 없다는 걸

우린 깨달았네.

이제 그 해답이 사랑이라면

나는 이 세상 모든 것들을 사랑하겠네.

1997년 국민가수 조용필이 부른 <바람의 노래> 일부분이다. 이 노래는 좋은 가사로 소향, 드라마 고백부부 OST 등 많은 가수가 커버한 곡 이이기도 하다. 긴 시간이 흘러도 여전히 좋은 곡이기 때문이다. 문학에서 바람이라는 자연물은 형태가 없어 보이지 않으며 감각으로만 느낄 수 있는 특징 때문에, 다양한 의미의 은유로 사용된다. 삶과 죽음, 혹은 이별을 의미하기도 한다.

이 곡은 삶과 죽음의 비밀을 알기 위해 부단히 노력하고 발버둥 쳤지만 결국은 그 한계에 다다라서야 무언가 깨닫게 된다는 뜻이다. 인간은 삶과 죽음에 관여할 수 없기에 최선을 다해 나와 주변을 사랑하는 것이 인생의 가장 큰 행복임을 알게 된다.

노랫말은 단순히 노래를 부르기 위한 글이 아니다. 앞에서 한경혜 작사가가 말한 부분을 한 번 더 강조하고 싶다. '가사는 음악을 언어로 해석해서, 작곡 의도를 해치지 않고 노래 부를 수 있도록 써야 한다.'

PART 6

,

무릉도원을 찾고 있나요?

송미정

일과 육아를 병행하며 바쁘게 살아가는 워킹맘. 이제는 쌍둥이를 다 키워놓고 소소한 행복을 즐길 만도 하지만, 계속 일을 벌이는 중이다. 매번 취미도 바뀌는데 이번엔 민화에 꽂혀 인사동에 드나들고 있다.

프롤로그

"엄마, 내 체크카드 어디 있어? 아, 진짜 왜 우리 집은 정리가 안 돼 있냐고!"

아침부터 시작된 딸아이의 폭풍 같은 짜증은 출근 준비로 정신없는 내 귓가를 때린다. 고3이라는 압박감에 하루가 다르게 예민해지는 딸을 보며 한숨만 나온다. 그 한숨마저도 소리 내지 못하고 삼키는 게 요즘 나의 일상이다.

"찾았니? 가방 앞주머니 확인해 봐. 어제 거기 넣는 거 봤어."

현관에 앉아 구두를 신으며 말했지만, 방 안에서는 여전히 투덜거리는 소리만 들려온다. 정부지원금 제출 자료는 아직 완성하지 못했고, 오늘도 야근이 예상된다. 오, 그리고 저녁은 또 뭘 해먹이지? 서른다섯에는 나의 사십 대를 상상하며 '아, 그때쯤이면 좀 여유로워지겠지'라고 생각했다. 하지만 지금, 서른다섯의 내게 말해주고 싶다.

"아니, 전혀 아니야. 더 바빠질 거야."

슈퍼우먼이 될 줄 알았던 내가 지금은 그저 슈퍼 지친 여자가 되어 있다. 대학에서는 교수라는 위치가 주는 압박감에 눌리고 연구소에서는 소장으로 일이 산더미다. 집에서는 수능을 앞둔 딸의 예민함을 온몸으로 받아내며, 내 몸의 변화-갱년기라 부르기엔 아직 이르지만—에 적응해야 하는 삼중고.

그러던 어느 날, 퇴근길 골목에서 우연히 발견한 작은 간판.

[무릉화실 - 민화 수업 회원 모집]

민화. 초등학교 미술 시간에 배웠던 것 같은데……. 꽃과 나비, 알록달록한 색채가 어렴풋이 떠올랐다. 그리고 무릉도원? 도연명의 그 복숭아꽃 만발한 별세계? 웃음이 났다. 이 도시 한복판에, 그것도 우리 집 근처에 무릉도원이라니.

발걸음을 멈추고 창문을 들여다봤다. 안에서는 몇몇 사람들이 조용히 붓을 놀리고 있었다. 창가에 걸린 그림들은 서툴지만 뭔가 정감 있게 느껴졌다. 화려한 색채의 꽃과 새, 호랑이와 까치가 어우러진 그림들. 아마추어의 솜씨지만 미소가 번질 정도로 사랑스러운 그림들이었다. 문득 어린 시절, 크레파스로 그림 그리던 때가 생각났다. 그때는 잘 그리는 것보다 그리는 시간 자체가 즐거웠는데. 언제부터 모든 것이 성과와 결과로만 평가받게 된 걸까?

'주말에 두 시간, 나만의 시간.'
중얼거리며 화실 전단지를 집어 들었다. 그날 밤, 처음으로 오랜만에 기대감에 설레며 잠들었다. 나의 무릉도원 찾기, 그렇게 시작되었다.

01 연화도 사랑

"선생님, 왜 하필 연꽃인가요?"

처음 화실에 들어선 날, 나는 벽에 걸린 민화 중 유독 연꽃이 그려진 그림들이 많은 것을 보고 궁금증을 참지 못했다. 동그란 안경을 쓴 선생님은 붓을 내려놓고 미소를 지었다.

"그건, 연꽃이 진흙 속에서 피어나도 그 고결함을 잃지 않기 때문이지요. 곧 알게 될 거예요." 그때는 그 말의 의미를 완전히 이해하지 못했다. 그저 흙탕물에서 자라도 더러움 없이 피어나는 꽃이라는 불교적 상징 정도로만 생각했을 뿐.

그날 밤, 넷플릭스에서 우연히 클릭한 중국 드라마 〈진정령〉. 주인공이 자란 고향 마을 '연화도'가 등장하는 순간, 나는 이상한 감정에 사로잡혔다. 연꽃으로 둘러싸인 마을, 그곳은 속세와 동떨어진 평화로운 낙원이었다. 말 그대로의 무릉도원.

"와, 저 배우 정말 잘생겼네!"

딸아이가 옆에서 눈을 반짝이며 말했다. 샤오잔이라는 이름의 주인공은 정말 빼어난 외모를 지녔고, 그가 연꽃이 만발한 넓은 연못 위 조각배에 누워 달빛을 바라보는 장면은……. 아, 그 순간 내 마음도 연화도에 빠져 들었다.

"엄마, 왜 울어? 슬픈 장면도 아닌데."
눈물이 흘러내리고 있었다. 언제부터 이렇게 감성적이 되었을까. 아니, 언제부터 내 감성을 잊고 살았을까.

"아냐, 그냥, 예뻐서."

드라마를 보며 밤을 새울 뻔했지만, 다음 날 출근을 위해 억지로 잠자리에 들었다. 꿈에서도 연화도를 떠돌았다. 내가 그토록 그리워하던 곳이 바로 그런 곳이었구나.

다음 날 화실에서, 나는 망설임 없이 연화도 민화를 그리고 싶다고 말했다.

"아, 연꽃 그림을 그리고 싶으신 거군요."
"네, 하지만 단순한 연꽃이 아니라, 달빛 아래 연못 위에 떠 있는 조각배와 함께요."

선생님은 의아한 표정을 지었지만, 곧 이해한 듯 고개를 끄덕였다. "전통 민화에는 없는 구도지만, 미정 님만의 민화를 만들어 보죠." 붓을 쥐고 종이 위에 처음 선을 그었을 때, 난생 처음 느껴보는 설렘이 밀려왔다. 서툰 솜씨로 그려나간 연꽃들은 동그랗고 어색했지만, 마음속에는 분명히 연화도의 풍경이 그려져 있었다.

"어이쿠, 손이 말을 안 듣네요."

옆자리 예순이 넘은 베테랑 할머니 화가 분이 웃으셨다. 나도 따라 웃었다. 이상하게도 실수를 해도 부끄럽지 않았다. 여기서는 누구도 나를 평가하지 않았다.

한 달 후, 드라마 〈진정령〉의 결말을 보며 또다시 눈물을 흘렸다. 아름다운 연화도는 결국 욕심 많은 사람들에 의해 짓밟히고 만다. 무릉도원의 비극적 결말. "세상에 영원한 낙원은 없나 봐요."
다음 수업 시간, 내 말에 선생님은 깊은 뜻이 담긴 미소를 지었다.

"그래서 우리가 민화를 그리는 것 아닐까요? 잃어버린 낙원을 그리는 것, 그것이 민화의 시작이었을지도 모릅니다." 불교에서 연꽃이 상징하는 것은 단순히 청결함만이 아니었다. 그것은 고통 속에서도 피어나는 아름다움이었다. 조선시대 백성들이 민화를 그렸던 이유도 바로 그것이 아니었을까. 고된 현실에서 잠시나마 벗어나 자신들의 무릉도원을 꿈꾸며.

내 서툰 연화도는 점점 형태를 갖추어갔다. 달빛 아래 연꽃들 사이로 작은 배 하나. 그 안에는 누군가가 누워 있다. 샤오잔? 아니, 그건 바로 나였다.

"이게 제 연화도입니다." 완성된 그림을 들어 보이자, 모두가 박수를 쳐주었다. 전통 민화와는 다른, 온전히 내 상상 속 무릉도원이었다. "연꽃은 진흙 속에서도 향기를 잃지 않지요. 우리도 마찬가지랍니다." 선생님의 말씀이 가슴에 와닿았다. 그래, 내 삶의 진흙탕 속에서도 이렇게 작은 연꽃 한 송이를 피워낸 것이다.

그날 이후, 나는 매일 밤 잠들기 전, 내 그림 속 연화도로 상상 여행을 떠난다. 그곳에서는 딸아이의 짜증도, 회사의 스트레스도, 몸의 피로도 모두 흘러가 버린다. 내 마음속에, 나만의 무릉도원이 자리 잡았다.

02 민화는 피, 땀, 붓질

"그냥 본뜨고 색칠하면 되는 걸까요?" 처음 민화 수업에 등록했을 때, 솔직히 내 머릿속 생각이었다. 아직 완벽한 무릉도원을 발견하지 못한 회의적인 나는, 어쩌면 쉽게 성취감을 얻을 수 있는 취미를 찾고 싶었는지도 모른다. 색칠공부처럼 선 안에 예쁘게 칠하면 될 거라고 생각했다.

하지만 막상 해보니 그렇지 않았다.
"오늘은 연꽃잎의 첫 번째 채색을 시작하겠습니다. 연한 초록으로 밑칠하고, 완전히 마르면……." 선생님의 말씀이 의아했다.
"마르면요?"
"네, 마르면 다시 올리고, 또 말리고, 또 올리고……"
"네? 몇 번이나요?"
"잎 하나에 보통 두세 번 정도요. 꽃잎은 더 많고요."

순간 옆자리 선배님이 보여주신 작품들이 떠올랐다. 그 화려한 색감과 깊이감이 단번에 이해됐다. 그것은 결코 한 번의 붓질로 나올 수 없는 것이었다. 첫 수업에서 백지에 연꽃 형태를 본떠 그리는 것부터가 쉽지 않았다. 내가 그린 꽃잎은 마치 납작한 부채 같았고, 연잎은 시든 상추잎처럼 보였다. 그래도 선생님은 "괜찮아요, 천천히 익숙해질 거예요."라며 웃어 주셨다.

두 번째 수업, 첫 번째 채색을 시작했다. 그리고 깨달았다. 이것은 단순한 색칠이 아니라, 한 장의 종이에 영혼을 새기는 작업이라는 것을. "민화의 '민(民)'은 백성을 뜻하죠. 궁중 화가들의 세련된 작품과는 달리, 백성들의 소망과 기원을 담은 그림이에요." 선생님의 설명을 들으며 붓질을 하는데, 어느새 내 머릿속에서는 조선시대 어느 집 안방이 그려졌다. 새 식구가 태어나길 바라며 어해도를 그리는 젊은 여인, 자식의 과거 급제를 기원하며 책가도를 완성하는 어머니.

"아, 망했다!"
정신없이 생각에 빠져 있다가 실수로 색이 번졌다. 하지만 선생님은 오히려 미소를 지으셨다.
"괜찮아요. 민화는 완벽함을 추구하는 그림이 아니에요. 실수도, 번짐도, 어설픈 부분도 모두 그 사람만의 이야기가 되는 거죠." 물감을 말리는 동안, 선생님은 민화의 종류와 역사에 대해 설명해주셨다. 호작도, 화조도, 십장생 등 각각의 그림에 담긴 의미와 백성들의 소망이 가슴에 와닿았다. 특히 호랑이가 어설프게 그려진 호작도를 보며 웃음이 터졌다. 그 무서운 맹수를 귀엽게 표현한 백성들의 해학이 느껴졌다.

일주일 후, 두 번째 채색을 위해 다시 화실을 찾았다. 그리고 또 일주일, 또 일주일. 한 달이 지나도 내 연화도는 완성될 기미가 보이지 않았다. "이거 언제 끝날까요?" 스트레스를 덜 받으려 시작한 취미가 오히려 나를 더 힘들게 하는 것 같아 투정을 부렸다. 선생님은 빙그레 웃으며 대답하셨다. "끝이요? 민화에 끝이 있었나요?" 그 순간 깨달았다. 내가 찾던 무릉도원은 완성된 그림이 아니라, 이 과정 자체였다. 붓을 들고 물감을 섞고, 마르기를 기다리는 그 모든 시간. 직장과 가정에서의 모든 스트레스를 잊게 만드는 이 시간 자체가 나의 무릉도원이었다.

이제 나는 안다. 민화는 그저 그림이 아니라 기다림의 미학이라는 것을. 한 획, 한 획에 자신의 소망을 담아내는 시간의 예술이라는 것을. 딸아이가 작업실로 변해버린 방 한구석을 들여다보며 물었다.

"엄마, 이거 하나 완성하는데 얼마나 걸려?"
나는 웃으며 대답했다.
"글쎄, 어쩌면 평생?"
그리고 다시 붓을 들었다. 민화라는 이름의 달콤한 늪으로 한 발짝 더 깊이 빠져들며.

03 표구하는 예쁜 여자

"선생님, 이렇게 그림을 완성하면 어떻게 보관하나요? 그냥 액자에 넣으면 되나요?" 작업실에서 연화도를 완성한 후, 무심코 던진 질문이었다. 선생님은 그런 내 질문에 빙그레 웃으셨다.

"민화는 완성이 아니라 표구와 배접까지가 하나의 작품이 되는 거예요. 인사동에 가보세요. 무우수 갤러리에 문활람 선생님이 계시는데, 거기 가면 진짜 민화의 세계를 볼 수 있을 거예요."

표구? 배접? 생소한 단어들이 내 호기심을 자극했다. 그렇게 시작된 나의 인사동 무우수 갤러리 방문은 또 다른 무릉도원으로의 여행이 되었다.

"첫 방문날, 한겨울 찬바람을 맞으며 인사동 골목을 걸었다. 무우수 갤러리에 들어서자마자 눈에 들어온 건 '반석 위의 生' 전시 포스터였다. 그리고 그 옆에서 개량 한복을 단정히 차려입은 젊은 여성이 종이를 정성스레 다루고 있었다.

"혹시 문활람 선생님이신가요?"

그녀가 고개를 들었다. 단아한 미소와 함께 고개를 끄덕였다. 첫 만남부터 나는 그녀의 손끝에서 풍기는 아우라에 압도당했다. 단순히 붓을 놀리는 것이 아니라, 오래된 지혜를 현대에 이어가는 숭고한 기운이 느껴졌다.

"천연 석채로 그림을 그리는 법을 배워보고 싶어요. 그리고 표구와 배접도요."

처음엔 망설였지만, 용기를 내 말했다. 그녀는 기꺼이 수업을 열어주겠다 했고, 그렇게 매주 화요일은 내 인사동 나들이 날이 되었다. 문활람 선생의 세계는 내가 알던 민화의 영역을 훌쩍 넘어섰다. 화강암의 물성을 살린 고구려 벽화 재현부터, 천연 안료와 석채를 직접 만드는 과정, 그리고 한지를 배접하는 섬세한 기술까지. 그녀의 손끝에서 탄생하는 작품들은 단순한 그림이 아니라 시간을 초월한 영혼의 대화 같았다.

"이건 주작이고, 저건 현무예요. 고구려 벽화에 그려진 사신(四神) 중 둘이죠."

문 선생님이 설명해 주는 작품 앞에서 나는 그저 감탄사만 연발했다. 특히 현무도—거북과 뱀이 얽혀 있는 그림—에 대한 그녀의 해석은 철학적이었다. "현무도는 선과 악의 싸움을 상징해요. 독일의 안드레 에카르트 신부님도 같은 해석을 하셨죠."

그뿐만 아니라 그녀는 아프리카까지 여행하며 예술적 영감을 얻었다고 했다. 그녀가 보여준 '5월의 꿈', '팅커벨' 같은 작품들은 아프리카 사람들의 깊은 눈빛 속 슬픔과 희망을 담고 있었다. 고구려와 아프리카라는, 시간과 공간을 초월한 두 문화의 만남이 그녀의 작품 속에서 이루어지고 있었다.

"석채는 광물을 갈아서 만드는 안료예요. 옛 선조들은 자연에서 색을 찾았죠." 선생님을 따라 천연안료 만드는 법을 배우면서, 민화가 단순한 취미를 넘어 내 삶의 깊은 부분으로 스며들고 있음을 느꼈다. 고려대 고고미술사학과를 나와 동경예술대학에서 문화재 보존수복학을 전공했다는 그녀의 학문적 깊이 앞에서 나는 자연스레 존경심을 품게 되었다. 표구와 배접을 배우는 과정은 마치 명상과도 같았다. 한지의 결을 살피고, 풀을 바르고, 공기를 빼는 과정은 끝없는 인내와 정성이 필요했다. 손가락이 아프고, 허리가 아파도 그녀는 한 번도 불평하지 않았다.

"민화는 숨을 쉬어요. 표구도 숨을 쉴 수 있게 해야 합니다."

처음에는 어색했던 배접 작업도 점차 익숙해졌다. 풀칠 한 번, 붓질 한 번에도 정성을 다하는 그녀의 장인 정신은 내게 깊은 감동을 주었다. 완성된 작품을 표구로 감싸는 순간의 성취감은 말로 표현할 수 없었다.

어느 날, 문 선생님이 물으셨다.
"왜 이렇게 힘든 민화와 표구에 빠지게 되셨나요?"
잠시 생각하다 대답했다.
"처음엔 그저 취미였어요. 하지만 이제는 이 반복적인 작업이 제게 위안을 주는 것 같아요. 표구하고 기다리는 그 시간, 천연물감을 갈며 집중하는 그 순간이 저의 무릉도원이 된 것 같아요.' 문 선생님은 고개를 끄덕이셨다.

"예술혼이 없으면 절대 할 수 없는 일이죠. 그런 혼이 있나 봐요." 그날 밤, 집으로 돌아오는 길에 문득 깨달았다. 내가 찾던 무릉도원은 어쩌면 멀리 있지 않았다. 그것은 바로 이 순간, 내 손끝에서 태어나는 작은 우주 속에 있었다. 천연 물감을 갈고, 한지를 접고, 표구를 하며 느끼는 그 고요한 행복감 속에. 어쩌면 나도 모르게, 표구하는 예쁜 여자가 되어가고 있는지도 모르겠다.

04 클래식이 남몰래 낳은 아들

그림 두 점이 나란히 걸려 있다. 하나는 궁중 화원의 작품으로 매끈한 선과 화려한 색채, 완벽한 비례가 돋보인다. 다른 하나는 투박한 선으로 그려진 호랑이, 어딘가 비례가 맞지 않지만 웃음을 자아내는 익살스러운 표정이다. 사람들은 첫 번째 그림을 '진짜 예술'이라 부르고 두 번째를 '민화'라 부른다. 그러나 이 둘 사이에는 보이지 않는 연결고리가 있다. 그래, 바로 전통 한국화는 어버이요, 민화는 그 아들내미라고 할 수 있다.

클래식 미술의 '서자'라는 말이 더 어울릴까? 오랫동안 민화는 정통 예술의 범주에서 배제되어 왔다. 동양화를 공부하는 이들은 민화를 언급할 때 살짝 코웃음을 치기도 한다. '그건 진짜 예술이 아니야'라는 듯이. 그러나 역설적이게도 민화의 뿌리는 바로 그 고상하다는 궁중 회화와 사대부 그림에 있다. 궁중 화가들이 그린 '만화'가 민중에게 내려온 것이다.

조선시대 궁중 화원들은 왕과 귀족을 위해 정교한 그림을 그렸다. 이들의 작품은 엄격한 규칙과 전통을 따랐다. 그러나 이런 화가들도 때로는 자유롭게 그림을 그리고 싶은 욕망이 있었을 것이다. 그들의 '낙서'와 '습작', 그리고 생계를 위한 창작이 민간으로 흘러들어 민화의 형태로 자리 잡게 되었다. 마치 숨겨둔 자식처럼, 정식으로 인정받지 못했지만, 민화는 조용히 성장했다.

PART 6. 무릉도원을 찾고 있나요?

민화의 매력은 바로 이 '불완전함'에 있다. 완벽한 비례나 정교한 붓질보다는 작가의 솔직한 감정과 해학이 그대로 드러난다. 호랑이는 때로 고양이처럼 귀엽게 그려지고, 까치와 호랑이가 한 화면에 등장해 이야기를 들려준다. 모란꽃은 현실에서 볼 수 없는 화려한 색으로 채색되어 풍요와 부귀를 상징한다.

"책거리도 좀 보세요!"

조선시대 선비의 방을 묘사한 책거리 그림은 서재의 책과 문방구를 소재로 한다. 이 그림들은 단순히 물건을 나열하는 것이 아니라, 학문과 지식에 대한 동경을 담고 있다. 당시 책은 부와 지위의 상징이었으니, 민화 속 책거리는 나도 이런 서재가 있었으면 하는 민중의 소망도 담긴 것이다.

민화에는 민중의 소망과 두려움, 기쁨과 슬픔이 솔직하게 담겨 있다. 부귀영화를 바라는 마음은 모란도로, 자손 번창의 염원은 석류와 아이들이 등장하는 그림으로 표현되었다. 액운을 물리치고자 하는 마음은 호랑이 그림으로, 부부의 화합을 바라는 마음은 원앙도로 나타났다. 이처럼 민화는 말 그대로 민중의 그림이었다. 재미있는 것은 오늘날 미술관에서는 이런 민화가 당당히 전시된다는 점이다. 한때 '서자' 취급을 받던 민화가 이제는 한국 전통 미술의 중요한 일부로 인정받고 있다. 예술의 가치는 기술적 완성도만으로 판단할 수 없다는 깨달음이 서서히 퍼진 덕분이다.

민화 속 호랑이가 웃고 있다. 아마도 오랜 세월 '정통 예술'에 밀려 있다가 마침내 제 자리를 찾은 것을 기뻐하는 듯하다. 그 웃음 속에는 우리 선조들의 삶의 지혜와 해학, 그리고 끈질긴 생명력이 담겨 있다. 클래식 미술이 '남몰래 낳은 아들'인 민화. 이제 그 아들은 당당히 자신의 이름을 밝히며 우리에게 말한다. "나는 궁중 화원의 자손이자, 민중의 염원을 담은 그릇이오. 내 그림이 투박해도, 내 선이 완벽하지 않아도, 나는 당신의 웃음과 눈물, 소망을 담고 있소." 오늘날 우리가 민화를 사랑하는 이유가 바로 여기에 있지 않을까?

오늘도 배우러 갑니다
(취미를 업그레이드하는 그녀들의 이야기)

발행일	2025년 04월 15일
지은이	박성미, 이민지, 이세희, 조미란, 한영운, 송미정
발행처	우먼더스토리
출판등록	제2023-000314호 (2023년 09월 21일)
주소	서울특별시 강남구 테헤란로 82길 15(디아이타워), 617호
대표전화	010-9636-7859
이메일	womanthestory@gmail.com
ISBN	979-11-94441-09-0(03800)

> 주문처: 도서출판 수선재(협력사)
> 0507-1472-0328 /fax 02-6918-6789 /ssjpress@naver.com

ⓒ 박성미 외 2025
본 책 내용의 전부 또는 일부를 재사용하려면
반드시 저작권자의 동의를 받으셔야 합니다.